早稲田のラストサムライ

グローバルリーダーを先駆けた男

先崎　寛

慧文社

序章

平成25年4月18日、春まだ浅く夜来の雨もいつの間にか止み、芦屋奥池の佇《たたず》まいは朦朧《もうろう》として薄暗かった。有明の月影が微かに燈籠《とうろう》を照らし、今盛りのチューリップが冷たい風に揺らいでいた。ジュリアン フランシス 佐藤 バート Jr.（以下バートに略称）にとって八十六年の人生経験でも決して味わうことのなかった稀有な朝を迎えた。昨夜は普段より早めに就寝しようと懸命に努力したが、なかなか神経の昂《たか》ぶりを抑え切れなかった。少年の頃に抱いた壮大でファンタスティックな夢を見ている精神状態

佐藤バート邸の庭

になっていた。その日は、母校早稲田大学第十六代鎌田総長から招聘《しょうへい》をうけ、悲願の七十数年ぶりの表敬訪問をする日であった。

第二次世界大戦の終戦日は、昭和天皇の玉音放送を日本国民が拝聴した昭和20年8月15日であった。終戦の前年昭和19年は米空軍による東京大空襲が日増しに激しく、B29が編隊を組み日本列島の津々浦々まで襲《おそ》った。但し空爆の対象は大都市中心部の拠点であり、著名な神社仏閣、美術館、博物館などを外すのが米国ペンタゴン戦略の一端であった。激化著しい戦況から学徒動員の徴兵制が実施され、バートもこの時期、早稲田大学を急遽《きゅうきょ》繰り上げ卒業させられた。以来、一度も母校を訪れる機会が無かった。あえて七十数年前を今回顧するのは、この大戦によって若き日のバートの運命が大きな変更を余儀なくされ、その後の彼の心の中に拭い難い影を落としていたからであった。そして、バートは長年望んできた母校の表敬訪問をすることで、心のけじめをつけることにしたのだった。

早朝、新大阪7時37分発のぞみ号でバートは著者と共に車中の人となった。神の啓示による祝福なのか、見事に晴れ上がった青空が車窓から鮮明に見えた。のぞみ号が

2013 年 4 月 18 日　早稲田大学大隈銅像前にて　バート(右)と著者 先﨑寛(左)

東京に向かう途中、遅咲きの桜が満開で、市街地や山間部など次々と異なった光景が飛ぶように過ぎていった。舞い上がり踊る心を抑えていると、瞬時ではあるが富士山の悠然たる姿が見えた。純白の残雪が頂上から中腹に至るまで覆い、遠方の稜線《りょうせん》が鮮明に見え、祈りたくなるほどの尊厳さで勇姿然と輝いていた。

東京駅八重洲口から車で早稲田大隈講堂前までの約三十分間、バートは逸《はや》る気持ちを可能な限り抑えた。かつて青春時代に習った座禅を組み、雑念を取り除く修行にも似た精神統一をしていた。ついに七十数年ぶりの母校早稲田大学に辿《たど》り着いた。毅然《きぜん》として堂々たる大隈講堂は長年の風雪に耐え、そこにあった。大戦中の艱難辛苦《かんなんしんく》を経て、ひときわ存在感の顕著な大樹の数々に囲まれた西北の杜《もり》も、いま尚長い歳月に亘《わた》る歴史の重みを痛感させる。激しい時代の変化や環境、交通運輸、流通企業などあらゆる分野の七十数年という半世紀以上の激変は驚嘆以外の何物でもない。尊厳と偉大さをいまなお誇る大隈侯《おおくまこう》銅像前にバートは跪《ひざまず》くと、我慢していた感涙が一気にとめどなく頬を流れた。今まで長期間にわたり「早稲田の浦島太郎」と自虐的だった己の殻《から》を脱皮して覚醒《かくせい》したことを即刻悟った気がした。

花尾総長室長（現早稲田大学理事）と関口秘書課長（現学生課長）の出迎えを受け

2013年4月18日　早稲田大学総長室にて（左から鎌田総長、バート、著者）

た。新しい早稲田のキャンパスは、七十数年前の面影や足跡を見失うほど大変化を遂《と》げていた。まるで高層ビルの林立するビジネス街を想起させるほどで、その変わり様には驚愕《きょうがく》の言葉を繰り返すだけだった。井上館長（現大学史資料センター事務長）の案内で見た会津八一館と坪内逍遥《しょうよう》の演劇博物館は、バートの想定通り同じロケーションにその存在を鼓舞するように古色蒼《こしょくそう》然《ぜん》と蔦《つた》に囲まれ昔のままであったので安堵した。第十四代奥島総長の理事会での言明を受け、旧校舎や館の新規高層建築に並び、より現代的建造物に設計されている。早稲田の歴史と伝統の中でひときわ象徴的なのは国内外を問わず、校友の全員が競って愛唱する校歌「都の西北」に謳われているあの「聳《そび》ゆる甍《いらか》」のイラカなのである。早稲田の伝統と歴史のシンボルであり、たとえ天高く屹立《きつりつ》していても屋根のトップには早稲田カラーの甍が天空を睨《にら》むように仰いでいるのだった。

七十数年前に突如タイムスリップしたバートは、奇跡に近い大願成就を果たしたにも拘らず何故か他人には到底理解しがたい複雑な心境に陥っていた。人間社会の有史に残る凄惨《せいさん》な第二次世界大戦すなわち、日米決戦時の東京大空襲を回顧した。バートは、日米両国の国籍を持つ所謂《いわゆる》二重国籍者として当時の日本軍部から睨《にら》まれていた。特権階級を自負していた官憲の横暴さにはほとほと嫌になり、日増しに息苦しさの募る生活が継続されていた。

平成25年4月18日午前11時50分、バート宿願の第十六代鎌田総長、清水副総長（現社会科学部教授）との懇談《こんだん》は「完之荘《かんしそう》」で行われた。完之荘は大隈庭園奥の静かな佇《たたず》まいの建物で、凡《およ》そ七百年ほど前の古民家を改修したものである。歴史に名を馳《は》せた政治家、財界人など著名人がこの館でたびたび会談した。鎌田総長は法学部出身で、フランスに長く留学したフランス法専門の学者である。彼は長身で凛《りん》として若々しく、お洒落《しゃれ》なスーツがよく似合い、校友会総会でのスピーチは絶妙で極めて人気抜群である。他方、清水副総長は群馬県の出身で同法学部出身の労働法の専門家である。校友会懇親会の二次会で歌われるのは、滅多に聴けない文豪尾崎士郎の「人生劇場」で絶《ぜっ》品《ぴん》である。この歌は早稲田第二校歌として誉れ高く、耳を澄まして聴くほどに涙さえ流す校友がいるほどである。

完之荘での鎌田総長、清水副総長、バートと著者の会席で、総長はやおら箸《はし》を休め著者の私に「今後二十年、三十年後、早稲田の校友をはじめ在校生が百年前の早稲田や約一世紀前における当時の学生気質《かたぎ》や思考性がどんなであったのか疑問や想像をする必要性があります。そのためにもこの『早稲田のラストサムライ』は大いに価値がありま す。現在の校友会や在校生にも是非読まれるよう頑張って出来るだけ早期に出版される事を期待していますと力強い励ましの言葉を頂戴《ちょうだい》した。また、清水副総長からは、『早稲田のラストサムライ』の新刊書発売の本の帯には鎌田総長自らの推薦文を書いて頂けますから」の言葉まで授かった。

由緒ある「完之荘」での会食後、大隈会館最上階にある総長室にて鎌田総長との固い握手で写真に収まった。花尾総長室長の言によれば、早稲田広しといえども総長、副総長のツートップとの懇談は誠に稀有であり、感動し目をうるませた。七十数年ぶりの母校早稲田への表敬訪問は、かくして感銘と驚嘆の連続であり、夢のようなこの出来事が脳裏から遠ざかることは決してなかった。

帰途神戸までバートの心に余韻の残る晴れやかな一日であった。「母校早稲田よ永遠に！」という愛校心、早稲田は心の故郷《ふるさと》なのである。バートの青春の辛苦や難局からは決して楽しみなど何一つ見いだせない。しかし、こうして八十六年間の長きに亘る人生ドラマを今になって回顧すると、早稲田時代の青春こそ人格を形成してくれた礎《いしずえ》であると痛感した。車窓から見る景色は今朝、東京に向かった時とは全く異なり暗闇に光るイルミネーションだけが流星のように過ぎ去って行った。

そもそも、「早稲田のラストサムライ」を著者が執筆しようと思い新刊書として出版を決定づけた最初の動機はバートの特別講演であった。それは平成24年5月25日、神戸早稲田倶楽部総会が神戸ホテルオークラ有明の間で行われた特別講演のことだ。講師ジュリアン 佐藤 バート氏（株式会社フランシス代表取締役社長、神戸早稲田倶楽部所属、昭和19年理工）の演題「私の早稲田時代―戦争末期の頃から」は、質疑応答を含め、約一時間以上におよぶ大熱弁の特別講演であった。若年の倶楽部会員も第二次大戦中の母校の歴史の真実を見聞して、昭和という日本の大激動時代を改めて再認識した。そのため実に価値のある講演となった。

特別講演の講師バート氏は昭和2年、芦屋市でアメリカ人男性と日本人女性との間に生まれた。母方は源義経と諸国を流浪した陸奥《むつ》佐藤兄弟の流れを汲む末裔《まつえい》である。（源義経が諸国流浪をしたのは、兄頼朝の許可無く検非違使《けびいし》に任官して咎《とが》められたから）。このように佐藤家は由緒があり、母の父は近衛兵《このえへい》で、母は厳格な家庭の子女として教育を受けた。当時の国際結婚がどの程度難しいかは今では到底想像できない。

ジュリアン フランシス 佐藤 バート Jr．と命名された男児は、両親の国際結婚から日米双方の国籍を持つことになる。この事実こそバートの青年期の昭和16年12月8日に始まった「大東亜戦争」、のちの「太平洋戦争」の最中、バートの人生岐路《きろ》を大きく左右する分岐点となった。両親の厳格さと優しさの中に育まれながら自由奔放《ほんぽう》な少年期を英国ミッションスクールで過ごし、サッカーやバスケットボールのスポーツ万能の選手として活躍した明朗闊達《かったつ》な少年であった。色浅黒く日焼けした顔はアメリカ人の父親譲りらしく目は大きく瞳も限りなくブラウンで、鼻梁《びりょう》は日本人よりかなり高い。容貌は完璧なアメリカ人である。将来の夢は、エジソンの様な電子関係の学問を習得してその専門分野の仕事をすることで、日増しにバート少年の人生ビジョンが一層膨《ふく》らむのだった。

バートが7歳の時に尊敬していた父を病気で失い、以来日本人の母親だけの手で厳しく教育された。物心のついた頃から急遽《きゅうきょ》意識し始めたことは他人からの差別的視線である。いかに開国以来国際都市であった神戸でさえ、茶色の目をした子供と日本人の母親の日々の生活は隣近所からも摩訶《まか》不思議な様相に映り、疎外的雰囲気の漂う毎日であった。容貌は完全なアメリカ人で、日常生活も学校をはじめ一般日本人と同じライフスタイルで過ごす二極分化されたような日々が続いていた。

時あたかも日本は紛れもなく軍国主義へと右傾化した時節である。案の定、昭和16年12月8日を期し、ついに大国アメリカに宣戦布告し日米開戦の火蓋《ひぶた》は切られ、日本の歴史を塗り替える稀有の世界大戦にエスカレートしたのだった。

この特別講演に参加しバートの熱弁に賛同した著者は、執筆のモチベーションを喚《かん》起《き》させられた。以来、帰阪してから夜は8時半に就寝し、早朝3時起床を実行し机に向かってきた。バート氏を「早稲田のラストサムライ」のモデルに設定して以来、会うたびごとに一挙手一投足に至るまで冷徹に観察するようになった。今でもバート氏の人生観、恋愛観、宗教などに関する考え方、憲法に関する姿勢など各方面から一つ一つ真摯《しんし》に聞きおよんだ。我を忘れるくらい没頭して発行予定日を睨《にら》みつけながら筆を進めてきた。

さて、「歳月不待人《さいげつひとをまたず》」の格言通り、季節は目まぐるしく変わり、眩《まぶ》しい程の新緑が輝く季節となった。鮮明な濃淡と遠方の連山の稜線《りょうせん》が美しいコントラストを創り、あたかも絵に描いたように造形が際立っていた。「早稲田のラストサムライ」を執筆し始めて、あっという間の多忙な一年有余が経過した。私は司馬遼太郎先生を尊敬している。彼はジャーナリスト出身で徹底した取材を微細な部分に至るまで長時間かけ、ご自分が納得するまで推敲《すいこう》を重ねた。筆者はその本物の生原稿を司馬先生の記念館で、拝見した経験があった。

執筆の初稿をやっとの思いで終え、実質的な脱稿にようやくこぎつけた。ビジネスが本業なのでウィークデーは中々時間がとれなくて、専ら土、日をフル活用し夜、昼の見境なく執筆に集中した。自分は有名書店が競ってPOPデスプレイに飾られる母校早稲田文学出身の流行作家のような著者でないことは分かっている。あくまでも、「早稲田のラストサムライ」の読者ターゲットは、早稲田校友会の各位および関係者である。この新刊書の執筆コンセプトとマーチャンダイジングプランに可能な限り母校早稲田の歴史や伝統を多く採り入れた。近年、未来に羽ばたくグローバル早稲田の進むべき創造性の高いビジョンを大学当局が急ピッチで進めている。かかる意味合いからも、文字通り表題の「早稲田のラストサムライ」のモデルとなったバートは、87歳の高齢にもかかわらず、胸襟《きょうきん》を開き長時間のインタビューにも耐え脱稿を心から喜んでくれた。二年近くバート氏との付き合いから、氏のパーソナリティや経歴、真摯《しんし》な生き様をまざまざと見聞した。そのお陰で、心から理解し著者自身の人生の研鑽《けんさん》に役立ったことも併せて深謝を申し上げたい。

最後に、母校早稲田大学第十六代総長鎌田薫先生、副総長清水敏先生、総長室長花

尾能成先生、校友会友金孝夫事務局長、大学資料センター井上裕一事務長その他早稲田の関係各位に感謝の意を申し上げたい。また、著者所属の地元神戸早稲田倶楽部の東田正敏会長、原田和人幹事長および兵庫県早稲田大学校友会岡部信夫会長の絶大なご厚情とご支援を併せて感謝する次第である。著者の盟友であり、オスモ＆エーデル創業オーナー松下忠義会長は恒久の友で、母校早稲田を共に愛し敬う心の友でもある。「早稲田のラストサムライ」出版を心の奥底から喜んで「都の西北」を高らかに歌ってくれる一人でもある。決して言葉に出さない氏の熱い心に深く礼を述べたい。

最後になって恐縮だが、本書の出版に関し初めから快諾《かいだく》し協力を惜しまず、再三に亘り協議を重ね、この出版を実現して下さったことに対して、慧文社中野淳社長に謝意を述べたく思う。

平成26年5月吉日

近江琵琶湖畔にて

先崎　寛

目次

序章　1

第1部　日米開戦の狭間に生きた青春像

第1章　国際結婚で大正ロマンの華《はな》開く　26

Jバートの幼年期

父は典型的なアメリカンビジネスマン　26
母は義経流浪《るろう》に同行した佐藤継信・忠信兄弟の末裔《まつえい》　30
昭和2年バート芦屋に誕生　34
幼年期は自由奔放《ほんぽう》の教育　40

父が決めたフランクという愛称（ニックネーム） 46

第2章　父逝去《せいきょ》と自我の成長 48

Ｊバートの少年期

バート7歳の時父急逝《きゅうせい》する 48
愛犬デュークとの絆《きずな》 50
父ジュリアンへの思慕《しぼ》 56
日米二重国籍者としてのプライドと偏見 59
自我の成長と将来の夢を抱く 61
国際色豊かなミッションスクール―カナディアンアカデミー 64

第3章　日本の国情と軍国主義の台頭　67
Jバートの青年期
日米開戦前の暗雲　67
パールハーバー奇襲《きしゅう》の夜　82
バート米国留学を断念　84
バート憧憬《あこがれ》の早稲田の杜《もり》を仰ぐ　88
遂に悲願の早稲田マンとなる　89
第4章　第二次世界大戦へ国民総参戦　96
Jバートの早稲田時代
鶴巻町の下宿は昼も暗かった　96
学苑内《がくえんない》大混迷で休講続出　96

恩師理工学部長山本忠興《やまもとただおき》教授との出会い　98
学徒出陣と赤紙召集　103
最後の早慶戦　105

第5章　エスカレートする日米戦争の狭間《はざま》で　109

Jバート苦悩と煩悶《はんもん》時代
日増しに鬼畜米英を糾弾《きゅうだん》する日本国民　109
東京から外国人が消えた怖い日　111
戦争末期の早稲田学苑《がくえん》　112
B29東京大空襲で火の海　113

第6章　戦争末期の極限状態の中で　116

Jバートのサムライ魂時代

早稲田マンのサムライ魂発揮　116
祖国日本を愛し、そして戦う　119
Jバートは早稲田のサムライだった　120

第7章　終戦と玉音《ぎょくおん》放送　123

Jバート終戦期

断末魔の終戦惨事と神戸空襲　123
母今日と陛下の玉音放送を聞き終戦を知る　126
故郷神戸は廃墟《はいきょ》の街で真っ暗闇だった　129
不安と危惧の毎日で食糧難の飢餓直面　132

第8章　敗戦・占領軍神戸駐留　134
Ｊバート敗戦で日米両国の狭間時代
米軍政部、県庁接収　134
容貌は歴としたアメリカ人、心は日本人　138
Ｊバートは日本のサムライでござる　140
軍政部の来訪　144
第9章　アメリカ駐留軍と激論　147
Ｊバート軍政部軍属時代
軍政部に軍属入隊　147
33師団に転属　148
第6師団　149

京都I・Corp 149
忘れられない外国兵捕虜収容所 150
神戸港湾の管理マスターへ昇進 154

第二部　強靭なグローバルリーダーを先駆けた男

第10章　世界のビジネスへ羽ばたく 160

Jバート　ビジネスマン時代

世界市場は広かった 160
日本のリプトン紅茶を担って 166
ティーバッグ紅茶の発売 171
ティーバッグ製造機の導入と「インスタント化時代」 178
リプトン紅茶のマーケティング戦略 182

第11章　グローバリゼーションとビジネス　189

Jバート、高齢期と対峙《たいじ》する

株式会社フランシスを神戸に設立　189
大阪日米協会トップはグローバルで多《た》士《し》済々《さいさい》　196
盤石な日本の原点に還れ　201

第12章　母校早稲田ビジョン150とグローバリゼーション　204

Jバートグローバルリーダー期

Waseda Vision 150 強靭化へ　204
早稲田の推進するグローバル人材育成とは　208
グローバルリーダーとは　212

第13章　終章と人生の生き甲斐　217
Ｊバート86歳からの人生期
両親の国際結婚と日米両国籍を持っての回顧　217
日米二世としての生き方、偏見を超えて　221
生き甲斐である二つのクラブ　223
外国人墓地に眠る両親に花を　233
日本人の底流は武士道精神　236
「早稲田のラストサムライ」よ永遠に　238
終　章　244
サンフランシスコベイエリアの風をうけて

特別対談
「早稲田のラストサムライ」を書き終えて
ジュリアンF佐藤バート × 著者 先﨑 寛 251
引用および参考資料 266

第1部　日米開戦の狭間に生きた青春像

第1章　国際結婚で大正ロマンの華《はな》開く

Ｊバートの幼年期

父は典型的なアメリカンビジネスマン

父ジュリアン フランシス バート（Julian Francis Burt）は、１８８４年、米国コネティカット州（ニューヨークの北方部）に生まれた。ジュリアン一家のルーツはアイルランドからの移民一家に遡《さかのぼ》る。その移民の中には、後に米国の政界、財界で名を馳せ、燦然《さんぜん》とその名を歴史に刻んだ著名人が沢山いる。

バートは父の写真を見るたびに物心のついた頃の数々の想い出を彷彿《ほうふつ》した。厳格だった父の教育は子供の頃にアメリカで受けたその教育にさかのぼる。実にしっかりした祖母の細部にいたるまでの注意や忠告、指示は典型的なアメリカ地方の当時の家庭教育の規範だったに相違ないとバートは信じている。父ジュリアンは子供の頃から海洋に興味を持ち、未知の外国に船で旅をするという壮大なアドベンチャーロマンを心に抱き、絵本を見ては胸がときめくのだった。クリスマスプレゼントに貰った地球儀の遥《はる》か彼方にある小さな国日本など、当時脳裡《のうり》の片隅にも存在しなかった。真に「事実は小説よりも奇なり」のバイロンの言葉通り、ビジネスマンとなってその未知の国日本に渡りそこに骨を埋《うず》めるなど想像しなかったはず

父ジュリアン フランシス バート シニア

だ。摩訶不思議にも、子供の頃からの夢（外国への船旅）を執拗《しつよう》なぐらい追いかけるとその夢は実現できるという真実をジュリアンは文字通り具現化したのだった。

海洋時代が到来する先鞭を切った世界経済成長の基軸となったのは、当時貿易の基幹産業である造船や鉄道による運輸産業であった。ニューヨークに本社を置くStandard Varnish Co., Ltd. は、いち早く世界的造船ブームに着眼し、特に東南アジア市場の開拓に舵《かじ》を切った。船内の木の部分に塗るニスの需要は、東南アジア市場が有望であり、真に海洋造船ブームの到来であった。アジア経済の中心的拠点は、成長と発展の最も期待できる日本、特に渡航の発展している横浜や神戸港がその最たる候補地であった。ジュリアンがトップから辞令を受けたのはなんとその神戸への赴任だった。

神戸から出かけて上海、シンガポール、マニラ、インドネシアなどの東南アジア主力貿易港で大量の注文を取るのが彼の仕事だった。神戸は貿易港として多数の外国人が居住し、外国の中心都市を想起させるほど賑《にぎ》わっていた。すっかり日本の神戸にも慣れたが、海外出張から神戸に帰ってはニューヨーク本社に報告書を月次毎にまとめなければならないのが苦痛だった。タイプライターを打ちながら度々居眠りするほど多忙を極めた。

度重なる海外出張の疲労から風邪を拗《こじ》らせ、神戸のとある病院に入院を余儀なくされた。ドクターの診断は厳しいものだった。熱が下がらず食欲も無かった。異国の地で入院するなど思いもよらず、いつも元気溌剌《はつらつ》なジュリアンにとって一人での入院生活は寂寞《せきばく》たる思いを払拭《ふっしょく》できない毎日だった。暗澹《あんたん》たる気持ちは日を増すごとにやるせない心に変わりつつ、時折神戸港に停泊している乗客船の汽笛が遠い潮騒のように聞こえていた。

かれこれ入院から一週間が過ぎた頃、ジュリアンの想像を絶するような現実が訪れた。ベッドからようやく立ち上がり、病室の窓際までドクターから歩行を許されたその朝、まさに奇想天外な事実に遭遇《そうぐう》することになった。病院の庭から一階の受付を経て、三階の病室に向かってくる花束を持った若く美しい日本の女性が視界に入り、慌《あわ》ててジュリアンが病室の廊下に出てみると、三階までの階段を上ってきたその人が立っていた。

まさに青天の霹靂《へきれき》が現実に頭上に起きたのだった。その若く美しい日本女性は、日本髪を結い上品な着物に身を纏《まと》った色白で大きな黒い瞳の綺麗な人だった。ジュリアンは、咄嗟《とっさ》にガウンを羽織って病棟の廊下に出てみると、そのご婦人はこちらに近づいてきて軽く頭を下げて、"Will you please show me where ward No.305 is?" と英語で訊いてきたのである。ジュリアンは日本女性がそこまで素晴らしい発音で話すのを聞いた事がなかったので、驚愕し感嘆したのだった。彼女の話す英語もさりながら、そのエレガントな容姿に瞬時に魅了され、この出会いが奇跡ではないかと思う程胸が高鳴ったのである。この時お互いが赤い糸で手繰り寄せられ、結ばれると感じたか否かは不明である。その後ジュリアンがどの様に彼女にアプローチし結婚までに至ったかの詳細を残念ながらバートは知らない。

母は義経流浪《るろう》に同行した佐藤継信・忠信兄弟の末裔《まつえい》

バートの母は1896年（明治39年）9月21日、三重県伊勢関に生まれた。代々庄屋で地元でも旧家として名高く、六人兄弟の上から数えて四人目の一姫として育った。格式の高い家柄であり、厳父も長兄も由緒ある陸軍近衛兵を務めていた。親子二代続きの近衛兵は、当時の名家から選ばれた。近衛兵の歴史と経緯を繙《ひもと》くと、近衛師団の皇居での役目は伺候《しこう》警護し、宮城《きゅうじょう》守護および儀仗《ぎじょう》に任じた陸軍エリート師団である。奈良・平安時代以降皇居を警衛《けいえい》し、儀式には儀仗を率いて威儀に備え、行幸には供奉《ぐぶ》警備した武官であると記されている。特にこの時代でも近衛兵は宮城の禁衛《きんえい》、乗輿《じょうよ》の警備などに従った天皇の親兵であり、近衛の姓は藤原氏北家、五摂家の一つであり、近衛家のルーツの起源である。

母今日の実家　佐藤家家紋

佐藤家の長女として生まれたその子の名を父は「今日《きょう》」と命名した。今日は時折り、陸軍近衛師団に直属して独特の白馬に騎乗し軍刀を帯刀した凛々《りり》しい父の姿を写真で見る度に、子供心にも家庭教育の厳しさを感じた。長兄の近衛兵の写真は今日と年齢的に近かったせいで更に凛々しく尊敬さえ抱いていた。佐藤家は代々、毎日お客の多い家で、今日の母は常に着物を着て朝な夕な多忙を極めていた。

明治時代は四十五年で終わりを告げ、大正は十五年の短い年月で幕を閉じた。日本は激動の明治時代とは違って比較的温和な大正時代へと変遷《へんせん》するが、佐藤今日は物《もの》心《ごころ》のついた頃から地方の田舎を離れ都会に出て猛勉強し、女医になることを目標にしていた。三重の伊勢関からは名古屋の方が距離的には近かった。だがエキゾチックでアーバンな雰囲気があり貿易港として既に繁栄している神戸には多くの国の外国人が居住し賑わっていたのであ

日本髪で着物の母今日

えて神戸を選んだ。

評判通り神戸は外国人の子弟の通う学校も多く、語学講師も年々増加の一途をたどっていた。今日《きょう》は、神戸でも最もハイカラなパルモア英学院の扉を開き、以前から抱いていた目標に向かっての第一歩を踏み出した。厳格な近衛兵である父から英学院の入学の許可を取ることは至難の技であったが、元々何事にも説得力に自信のある今日はこの難局も

母今日　神戸パルモア英学院時代

クリアするのにさほどの時間はかからなかった。英学院にはインターナショナルスクールに相応《ふさわ》しく、海外から神戸に移住しているあらゆる国の外国人がクラスを編成して学んでいた。いうまでもなく、日本女性は着物に袴《はかま》を着け洋風の靴を履いて通院した。まさに当時の最もハイカラなファッションであった。多くの外国人が日本女性の和服姿に興味を持ち、時折今日は質問攻めに合い閉口していた。

神戸港から吹く優しい春の風が気持ちよく、頬をなでた。青春を謳歌《おうか》した時であった。パルモア英学院の夏休みが近づくと、定規で測ったように実家の伊勢関《いせせき》から今日宛ての、母の手紙を受け取った。いつも決まったように一日も早く実家に帰ることを望む内容が書いてあった。

昭和2年バート芦屋に誕生

昭和2年8月27日、芦屋市三条町《さんじょうちょう》に待望の男の子が生まれた。玉のような赤ちゃんは父の名を受け継ぎ、アメリカ社会で一般的に習慣づけられている「二世」のジュリアン フランシス 佐藤 バート ジュニアと命名された。両親の国際結婚から誕生した嫡男として日本国籍を保持することは、日本国民の権利と義務を憲法や各々の法律によって縛《しば》られることでもあった。昭和2年に誕生したことが、その後のバートの人生に大きな意味を持つことなど、その時は誰も予測できなかった。母は芦屋三条に新居を構えて以来、我が子誕生に向け準備万端怠りなくこの日を待っていた。そのため決して慌てることが無く、通院していた神戸の産婦人科に入院して安産でバートを生んだ。後にそのことを度々回想してはバートに自慢するのだった。

母今日新婚時の珍しい洋服姿

母は、早速三重の伊勢関の実家に

乳母に抱かれたバート

手紙を書き、佐藤家で花嫁修業中の近所の若い娘の中から一人選んで、子供好きの「ばあーや」（乳母）として自宅に来てもらうことにした。

若い女性が旧家で花嫁修業をしてから嫁ぐというひとつの習慣が日本の昭和初期まであった。行儀作法はもちろんのことお辞儀の仕方、挨拶、敬語の使い方、箸の上げ下げにいたるまで文字通り毎日昼夜にわたり訓練され、叱責されては成人女性としての人格形成を学ぶのである。いわゆる、当時の花嫁修業学校の中身には精神修行、道徳、和裁、特に着物を仕立てる仕事があり、育児にいたるまで多岐に亘る教養が求められた。現場で明日からの生活に備える人格形成の基本教育の場でもあった。現代、日本の教育制度やモ

父ジュリアン フランシス バート シニア
ニューヨーク ビジネスマン時代

ラルの現状からは想像できないほどしっかりとした現場第一主義の価値ある習慣制度の一種として昭和初期の社会にはまだ定着していた。バートをわが子のように優しく抱いて写真に収まっている娘さんこそバートの恩人でもあった。

父ジュリアンは待望の男児バートを無性に可愛がり、英語であやしてはいつも満足げに微笑んでは頬《ほお》ずりを繰り返すのであった。父の会社が積極的な貿易を進めた成果から、中国上海をはじめシンガポール、インドなどの造船業の需要ばかりでなく木造住宅にもニスが使われていた。年々世界的にもその需要は上昇機運となり、更に活況を呈し始めた。芦屋三条の小高い丘陵《きゅうりょう》にあった住宅からは大阪湾がよく見えた。大阪湾の観艦式が行われたときには、一大セレモニーでもあったので、母は市長、市役所の人達20名ほどを招いて茶菓でもてなした。母や乳母も一般の人達を含め、当時の日本女性の服装は和服である着物と決まっていたので、常に洋服姿の父ジュリアンを近所の人達も珍しがっていた。

父ジュリアンの貿易ビジネスが、高実績をあげていたので仕事と家庭の双方ともさして大きな問題を生じることも無く比較的平穏に年を重ねていった。バートも一年目の誕生日を過ぎた頃から目鼻立ちがより鮮明となった。近所の親しい隣人たちもさることながら、誰がバートを見ても一瞥《いちべつ》しただけでも実父ジュリアンの優性遺伝を見て取った。現代的な医学用語で表現するならば、父のアメリカ人のDNAを色濃く引き継ぐ容貌であり、それが日米二世としてバートの今後の人生に多大な影響を与えたのだった。特にアメリカ人的な大きな目、茶色い瞳、高い鼻梁などは日本人である母今日とはかなり異なっていた。

今日の実家の佐藤家は日本陸軍近衛兵として名実ともに誇り高い旧家であった。その佐藤家の面々に、バートをどう受け止めてもらえるか今日は心配したが、皆で彼を可愛がってくれた。

バートは、両親の優しい家庭環境の中で慈《いつく》しまれながら育った。子供部屋はおろかリビング、応接間にいたるまでおもちゃを散らかしては毎日楽しく遊んでいた。父ジュリアンは海外出張の旅先でバートへのおみやげを買った。その中でもネジを巻くと動く自動車や動物が走る玩具類に強烈な興味を持ち飽きる事なく一人で遊んでいた。日増しにバートの性格は非常に明朗闊達になり、人見知りのしない人懐っこいタイプの子供に成長していった。

このころ、昭和初期においては特に高等教育を受けた女性達の婦人運動も台頭著しく活発化して、妻の地位、家庭の主婦の地位向上など女性の社会進出への動きも見られた。職場にはいわゆる職業婦人が進出し、ガールたちの活躍に社会の人々は、昭和という時代の変化を大きな潮目として認識したのであった。１９２０年代は女学校に良妻賢母教育が施され、さらに女性も職業を持つことが期待された。特に東京のような都市圏を中心に職業婦人の社会進出が顕著となった。オフィスガール、デパートガール、タイピスト、バスガールなどが当時の職業の花形だった。こうした女性の給与面も厚遇であったため、彼女たちは一般社会でまさに羨望《せんぼう》の的であった。大正から昭和への時代変遷があった。国民の生活を含めた社会全体のうねりのような勢いのために、時代背景や環境に影響を受けた衣食住が明確に変化していった。

幼年期は自由奔放《ほんぽう》の教育

父はバートに米国式の言葉遣《づか》いや食べ方の躾《しつけ》をした。ナイフやフォークの使い方、スープの飲み方などについて、幼いバートをテーブルに座らせて細々《こまごま》と教えることを楽しんでいた。幼い頃からの習慣で、日常生活の中でバートは父親とは英語で話し、母とは日本語で喋《しゃべ》った。よく表現すれば誠に国際色豊かな家庭であった。他方別の表現を取るなら、日本語と英語が飛び交う混沌《こんとん》としたハチャメチャな時が一日に何度となく繰り返されるのであった。会話が終わると風速40メートルの台風が過ぎた後に広がる青空のようにまた平生に還《かえ》るかのようだった。三人が揃っている時はすべて英語で話していた。

バートの両親はあらゆる反対を押し切って国際結婚を見事に成就させた。そのためか常日頃から比較的バートにも自由な行動を認めた。自分達が現在住んでいる日本社会に適合する範囲でバートの自由を認め、日本古来の習慣や文化を幼児教育に採り入れた。また、余り子供を束縛《そくばく》しないように気遣っていた。いわゆる、日米双方の両親が母国の良い部分と悪い部分を峻別して厳格と柔軟を使い分けていたのだった。

バートは、そうした家庭環境をよく理解していて近所の日本の子供達とも仲良く遊んだ。欧米の家族やその子供達とは英語で話すことを既に習得して、コミュニケーションを円滑にする術《すべ》を自然に学んでいたのだった。これらの現実は文明開化以来の国際都市神戸ならではの世界であった。教育や習慣などを考えると、神戸と他の地方とはかなりのレベルの差があった。

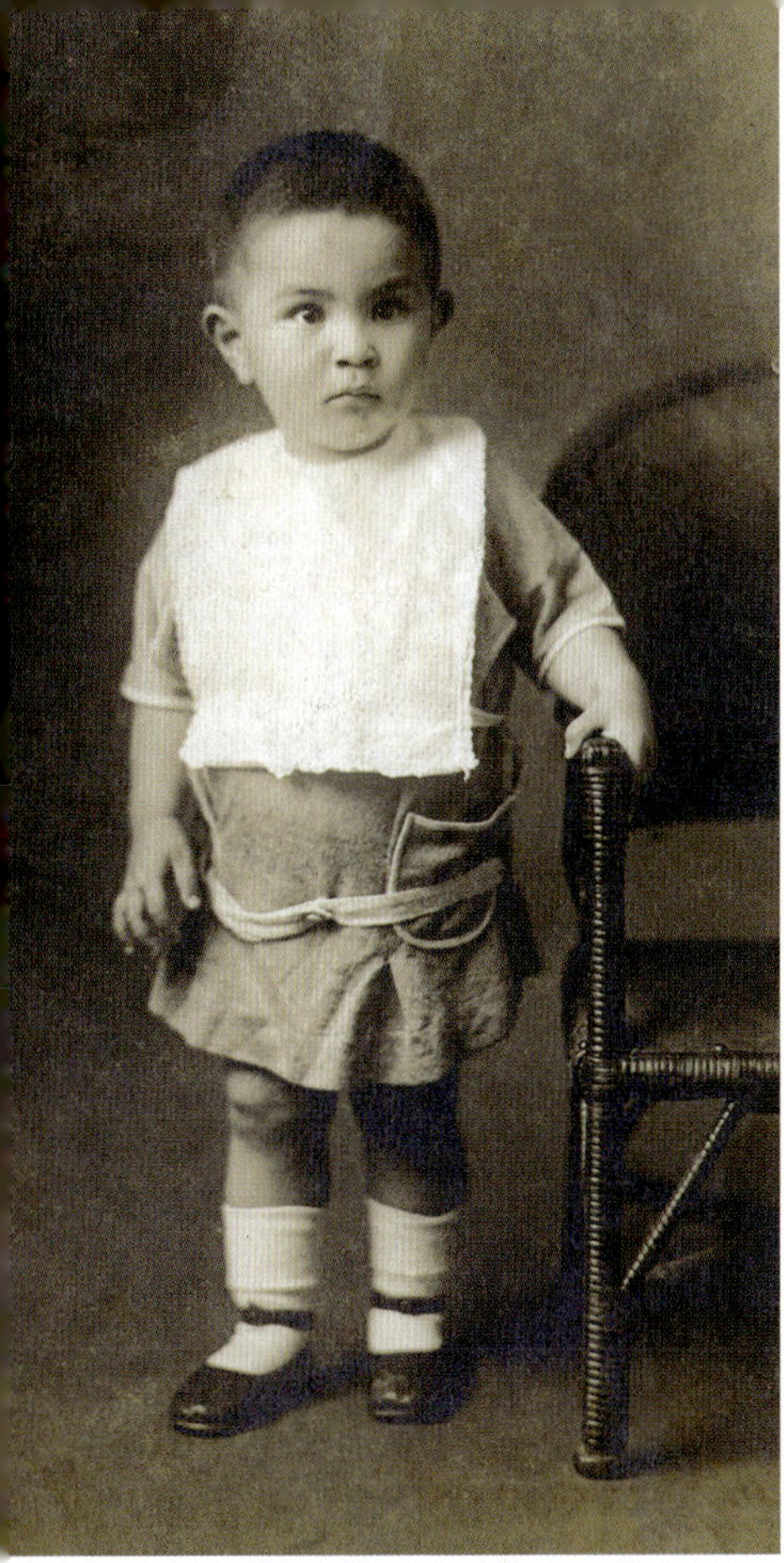

バート2歳児の頃

父は海外出張から帰国すると決まったようにバートの頭を撫《な》でて、遊びに行きたい所や必要で欲しい物は何なのかと質《ただ》す

バート５歳ぐらい　芦屋三条自宅前にて

のだった。動物園や映画館に行き、親子三人で元町《もとまち》、中華街、三《さん》の宮《みや》の辺りでの食事を楽しんだ。デパートでの買い物を終えると決まったようにハイヤーで帰宅したのだった。モダンでハイカラな家庭に育ったバートは不思議なくらい温和な性格だった。あまり友人達や近所のガキ大将とも喧嘩《けんか》や諍《いさか》いもなく、結構上手く振る舞っては子供社会に溶け込んでゆき、日一日と成長して行った。

バートの家族（左から父ジュリアン、バート、母今日）

日常会話における言葉の問題だが、よく一般的に言われるように子供の方が大人よりも早く理解し言葉の意味を飲み込むのが不思議なくらい迅《じん》速《そく》である。難しい文法や構文にこだわらずどんどん子供同士で羞恥《しゅうち》や躊躇《ちゅうちょ》なども無く話し合うので上達するのが早かった。その意味でバートは、むしろ当時の子供社会から日米両国に跨《また》がる言葉の難しいハードルを越えて、この時点で語学の基礎修得を徹底的に学んだのだった。

もう一つの言葉の問題は父の話す英語と母親の話すそれには若干の差異があることだった。極端な時は同じ言葉の発音や表現上に乖離《かいり》があることにバートは気づいていた。当然ながら父はアメリカ東部の独特の訛《なま》りで早口で喋るのだが、反対に母親の今日はパルモア英学院の英国人女性教師から徹底的に仕込まれたブリテッシュ・イングリッシュなのだ。そのため度々英語でのやり取りは口論の火種になることさえよくあった。そんな時は決まって父ジュリアンの方から歩み寄って譲歩した。レディファーストの国の代表選手がプライドを賭《と》して儀礼を尽くすかの如く平身低頭に頭を下げては、ことを上手に収めるのだった。英語の理解度や発音・表現上の差異が議論の的になってしまう理由は、父母がお互いの習慣や文化の違いを根本的に理解できないためであった。バートは成長するにつれて、このことがよく分かった。

バート 6 歳ぐらいの時　芦屋三条自宅にて

父が決めたフランクという愛称（ニックネーム）

父の正式な姓名はジュリアン フランシス バートであり、彼は息子に自分の名を受け継がせた。彼は日常生活の中で呼ぶ息子のニックネームを真剣に考えていた。彼はある朝早く子供部屋に入ると、眠っていたバートを抱き上げた。そしてキッチンでスクランブルエッグを作っている今日に向かって大声で「ダーリン、この子のニックネームを今朝からフランクとつけたのでみんなに伝えてよ」と叫んだのだった。

後にバートが神戸のグレイトスクール（小学校）に入学した頃、両親と親戚がフランクと呼んでいる経緯と理由を母に尋ねた。父と息子が同じ名なので、息子のほうは一般的にアメリカの家庭ではＪｒ．を付けて呼ばれていた。だが国際結婚のため母方の佐藤を入れると更に長くなるので、彼が大人になるまでミドルネームのフランシスから取って愛称をフランクにしたのである。日本社会での日常生活に親しみ易《やす》くなり、コミュニケーションを取る時にも非常に呼びやすくなるので、一晩中考えた結果の傑作と父は自慢するのだった。両親や親戚はバートをフランクと呼んでいたが、学校では先生と友人達はバートをジュリアンと呼んでいた。

両親が新婚生活の場を芦屋三条に選び新居を構えたため、今日の実家から汽車に乗って芦屋に来るまで長時間かかった。伯父や伯母達は泊まりがけで来てはバートを可愛がり頭を撫でたり抱っこしたりした。バートは団欒の中心にいた。また、時折神戸のデパートに買い物に行くと決まったようにレストランに入ってケーキを母と食べるのが一番の楽しみだった。バートはむしろ両親をはじめ親戚の皆からフランクと呼ばれることに喜びを感じるのだった。

第2章　父逝去《せいきょ》と自我の成長

Ｊバートの少年期

バート7歳の時父急逝《きゅうせい》する

父ジュリアンの貿易ビジネスは、相も変わらず繁忙《はんぼう》を継続し、神戸港から製品輸出を実施することも縷々《るる》あり港も活気に溢《あふ》れていた。そんな折《おり》も折《おり》、いつものように海外出張から帰国した父の身体の調子が芳《かんば》しくなく顔面蒼白《そうはく》で志気もなかった。彼の徒《いたずら》に大きな眼だけがことの重大さを如実《にょじつ》に物語るかのように母今日には思えたのだった。治療の準備を進めていた母は電話で神戸の病院に連絡した。その俊敏《しゅんびん》な動きは迅速で滞《とどこお》りがなかった。病院で顔見知りの主治医の診察後の話を聞くと、どうやら簡単な症状ではなかった。疲労困憊《こんぱい》から単に風邪をひき高熱だというようなものではないらしい。

結局、父は体調不良のため仕事を退き自宅療養をすることになった。腎臓を患い脳溢血を発症し、医者の往診を受けた。病床に伏している父を覗《のぞ》き込むと、つい先日まで一緒に庭で楽しくキャッチボールをした面影などそこには皆無だった。眼鏡を外した父の顔はまるで別人のように異様に映り、眼は静かに閉じて、顔面は蒼白だった。鋭角で細い顔はバートの心の深淵《しんえん》の核の部分にまで突き刺す戦慄《せんりつ》さえ感じさせた。午後からの往診で主治医が看護婦を伴っては脈拍《みゃくはく》を頻繁《ひんぱん》に採り、チェックしてはただ頷くだけで部屋から出てゆくのであった。一体全体愛する父の容態に何が起きたのか、幼少のバートには理解できる術は何も無かった。

父ジュリアンの自宅での昏睡《こんすい》状態は丸二日間ほど続いた。ちょうど三日目の朝から急遽《きゅうきょ》三重の今日の実家から今日の母親を始め、バートの見知らぬ親戚や知人、父の貿易関係者が交互に見舞いに来た。一言二言母と話して深々とお辞儀をしては帰って行った。バートの幼い心にも事の重大さを理解できた。刻一刻と事態は急変している様が手に取るように認識できた。一瞬たりともバートは眼を逸《そ》らすことなく母の横顔を見つめた。驚いたのは母は不安や危惧《きぐ》を微塵《みじん》も表に出すことなく、厳然として静謐《せいひつ》の中で振る舞っていた。まさに、明治生まれでしかも陸軍近衛兵の父と長兄を持つ家系の子女らしい。バートは母の偉大さに改めて尊敬の念を抱いた。

四日目の早朝から主治医の出入りが極端に多くなり、各々の医療器がセットされ酸素吸入器が父の鼻に採りつけられた。母は父の冷たく感じられる手を握りしめ、頑張るのよと自分を戒めるように二、三回呟《つぶや》くのだった。二時間ぐらい経過したとき主治医と看護婦が病床の側に立ち、父の脈拍を懐中時計と見合せながら数回にわたり診るのだった。明らかに主治医の顔は怖いくらい緊張した面持ちで時折天井を見ては眼を伏せるのだった。ほどなく白衣に身を包んだ老齢の医師から父の臨終の知らせがあった。その途端、父のベッドの側に母の一族や親しい友人達が取り囲み、悲しみの中に嗚咽《おえつ》が長い時間続いた。ベッドの側には白い菊の花とお線香が焚《た》かれた。バートは父の死が急だったので悲しむ余裕さえ無かった。「父ジュリアン」享年《きょうねん》51歳の余りにも短い生涯だった。

愛犬デュークとの絆《きずな》

バートの過去の記憶をたどると、愛犬デュークが芦屋三条の自宅に飼われ始めたのは彼が6歳頃だという。父ジュリアンも子供の頃から無類の愛犬家であり、アメリカ

愛犬デューク３世

の実家では家族全員がシェパード好きで隣近所でも有名であった。アメリカの普通の住居は庭が広く、日本の家屋のように高い塀《へい》を造ったりしない傾向が昔から強いので、一般の家庭でも犬を飼うことが結構多かった。父にとってはアメリカの子供時代に懐かしい想い出があり、犬種の選択は有無をいわさず必ずシェパードと決められていた。

父の知己であるドイツ人社長の紹介で、日本人のブリーダーでシェパードだけを繁殖している専門家と交信が取れたと父は喜んで帰宅した。父は日曜日のその日の夕食時に自慢げにシェパードの子犬のことを話した。

程なくして庭の桜が色づいたころブリーダーのトラックが到着した。折しも日曜日だったので父も在宅していて、家族全員で庭先に出てみるとゲージの中に生後三ヶ月の子犬が入っていた。子犬にしてはもうすっかり成犬《せいけん》のような顔つきで平然とした面持ちでこちらを見ていた。すでに庭の隅に頑丈に造られたケンネルの囲いに金網を張った。生後三ヶ月のシェパードの子犬といえども小型犬よりははるかに体重もある。しかし父ジュリアンは躊躇なくいとも容易に抱きかかえて庭のケンネルに運び込んだ。

　初めて自分のケンネルに入った子犬はなんとなく落ち着かず、時折怪訝《けげん》な顔つきで不安がっているようにも見えた。バートは五分おきに庭先に出ては子犬の頭や首を撫でるのだった。神戸のミッションスクールに入学する前の年だったので、バートの身長や体重よりも子犬ながらシェパードの方がはるかに大きかった。その日の午後、父は急に思い立ったように子犬の名をデュークと命名した。得意げに表札に似た杉の板に

デューク３世と子猫

雪の中のデューク３世

芝生の上のデューク３世

ジュリアン デュークと横文字で書き、ケンネルの入り口部分に風に飛ばないように太い釘で二ヶ所ほど上下に打ちつけた。

デュークは雨の日以外は、庭の芝生の上で寝そべったりした。起きて庭や自宅のまわりを自由に散歩して一日を過ごしながら日増しに成長する姿が目覚ましかった。デュークは家人によく慣れ、すでにブリーダーが専門的に訓練して仕込んであるので行儀が良かった。無駄吠えをすることもなく規律ある一日のライフスタイルが堅持されていた。春の暖かさが一段と進みデュークの成長は驚くほど速かった。バートとは比較にならないくらい加速的に成長して成犬になるのは時間の問題だった。デュークはドイツ産のシェパードらしくスタイルがよく、独特の毛並みで猛スピードで走る姿はまさに軍用犬だった。世界大戦の戦場で活躍した評判の通り、雄々しさが際立って美しかった。

母の今日もまたデュークを愛してやまなかった。ジュリアン一家の一員となったデュークは運動をしては水を飲み、大きな長い舌を出してはハアハアと息をするのであった。近所の人達も最初は怖がって家に来るのが遠退いた。だが成犬になるにつれデュークも日増しに人に慣れて吠えることも無くなり、むしろ大きな体を揺《ゆ》り動かして尻尾を振っては上手に挨拶ができるように成長していった。一家団欒《だんらん》の場をつくり家族をこよなく愛し、どんな時でも癒《いや》してくれた。

母は父や長兄が陸軍近衛兵出身の旧家のため、子供の頃から自分自身が家庭教育として厳しい躾や礼儀作法など身をもって体得していた。その影響からバートが隣近所の友人達と遅くまで遊び帰宅時間や母との約束事を忘れたり、家庭規範たるルールを無視したり怠惰《たいだ》な態度を示すと、夕食前に決まった様にバートを正座させては説教をするのであった。特に学校の宿題を忘れたりしてクラス担当の教師からのメモを持ち帰った時などはきちんとした説明をバートに求めた。

バートの悪さの一回目はその程度で終わった。しかし二回目に同じことを繰り返すと母は三条の自宅裏に生え茂った大きく天を衝くような孟宗竹《もうそうちく》の竹林の中から太い一本を選び、バートを縛りつけては反省を促すのだった。バートは大声で泣き叫んでも、声をあげて助けを求めてもそう簡単には許して貰えなかった。母の躾や教育は近所でも有名であり、バートの竹林事件は周辺隣近所まで喧伝《けんでん》されていると知っても母はいつも他人《ひと》ごとのように平然としていた。愛犬シェパードのデュークは、バートがわざと大声で叫ぶたびに竹林に飛んできて泣き面顔で涙に濡れた頰《ほお》を大きな舌で懇切《こんせつ》丁寧に一層優しく舐めてくれるのだった。

父ジュリアンへの思慕《しぼ》

父逝去後の芦屋三条での生活は、母今日と二人きりで寂しく食卓に向かい合う毎日だった。バート7歳の時急逝した父の早すぎる死のため、日を追う毎《ごと》に過ぎし日の想い出が募《つの》った。ベッドの中で涙を流しては動かしがたい事実を受け入れ難く悲しみに暮《く》れるのだった。明治生まれの母は表面上は気丈に振る舞い三重の実家から母や親族が慰《なぐさ》めに訪れても、一切悲しさや寂しさを愚痴《ぐち》ったり涙をみせたりすることなく、努めて明朗さを周囲にふりまくのだった。

一族郎党が揃って三重に帰った夜は、母は待ちきれなくなったように急いで自分の部屋にあるジュリアンの遺影の前に跪《ひざまず》いては泣き崩れるのだった。バートは母の気丈な強さと弱さの両面を子供の頃から目の当たりにしていた。幼い頃に自分の身辺に起きた喜怒哀楽の経験こそが人間の人柄や人格を形成するものだと大人に成長してからつくづく悟るのだった。バートも学校に行っている時はたくさんの友人達と喋り遊び廻《まわ》るので、心の中に宿る悲しみや名状《めいじょう》し難い寂《さび》しさなどが心の隙間《すきま》に入り込む余地《よち》など全く無かった。

夕暮れがせまると三条の丘陵《きゅうりょう》の上から大阪湾に静かに沈む夕日は、茜色に辺りを染め、隣人もいつもと同じ場所に立っては神々《こうごう》しく眺望《ちょうぼう》に手を合せて拝むのだった。母は遊びから疲れて帰るバートを外に出て待って一緒に手を合わせ拝んでは、「ジュリアン、父は遥《はる》か彼方から一緒にこの美しい夕陽をみて三条のこちらをいつも見ているのよ」と繰り返すのだった。バートはホームワークを終え母にお休みの挨拶《あいさつ》を済ませ自分の部屋に戻り、机の上に飾ってある父と一緒の写真を見ては急に寂しさが甦り涙を抑え切れなかった。父への思慕は母とは違った形ではあるが、日増しに払拭《ふっしょく》できないほど募るのだった。心から敬愛していたのに急逝してしまった父ジュリアンとはほんの短い期間しか過ごせず、空虚《くうきょ》さから脱しきれない心の葛藤《かっとう》を抱いて少年の胸は痛むのだった。

信じ難い父の急逝に遭遇《そうぐう》し驚いたことがあった。自宅で静かな低い声でドクターから宣告された臨終の言葉は、眼を閉じるごとについ昨日の出来事のように鮮明に浮かび上がる。父ジュリアンは敬虔《けいけん》なカソリックなので葬儀のミサは黒い喪服に身を包んだ多くの信者達が集まり教会の規律に則《のっと》り自宅で執《と》り行われた。父は棺《ひつぎ》に納《おさ》められ、生前大変好きだった花々に飾られた。悲しみと涙に包まれた中で母はバートが大人になっても将来父を忘れないようにと父の最後の顔をカメラに収めるのだった。花に埋もれた死に顔は青白く冷たく、静かに目を閉じた様は疲れて海外出張から帰国して眠っているかのようで今すぐに起こしてあげたいくらいだった。

大勢の弔問客《ちようもん》の見守る中、母はジュリアンとの最期の別れを惜しむキスを額にするとその場を離れるのであった。父の最後の写真は、母が自分の寝室の二人だけのアルバムに貼られ、いつでも見られるようにと箪笥《たんす》の上に置かれていた。バートは、母が外出して留守番の時は隠れるように母の寝室に侵入しては、父の写真を見て心の戒《いまし》めとし、強く生きる礎《いしずえ》とした。バートが少年時代に体験した父との死別は、年月を経るごとにかえって心の強さを支える大きな契機《けいき》となり、青年に達した時には更に強靭《きようじん》な精神力を形成する原動力となった。

日米二重国籍者としてのプライドと偏見

丁度7歳の時に父が逝去したため、バートは幼い身には担えないほどの苦しみを背負った。何をしても頭から父の急死が忘れられず自分の部屋に閉じこもって涙が出た。母親の今日は明治生まれの女性らしく気丈に振る舞っていたが、時折ふっとため息をつくことはあっても寂しげな横顔を他人には決して見せまいとしていた。

神戸の山手通り近くにある緑の木々に囲まれた白亜のモダンな建物は、アーバンな神戸の街によく似合った英国のミッションスクールだった。黒塗りの鉄の門扉《もんぴ》は一種の威厳を備えており、小学生には些《いささ》か重く高かった。着物を着た母と一緒に門をくぐりこの日から厳しい英国ミッションスクールに入学した。インターナショナルスクールなので仕事のため来日して神戸に居住しているあらゆる外国人の子弟が通っていた。スクールのプリンスパルと呼ばれる校長は、典型的な英国人で哲学者のような風貌《ふうぼう》で威厳があり、ホールで騒いでいた小学生達はいつでもその校長の鶴の一声でその瞬間はシーンとなった。バートも生来闊達な気性なので色々な外国の友達と話し校庭で遊んだりしていた。

欧米人はもちろんのこと、インド人やアジアの友人も少数だが何人かは必ずクラスの中にいた。英国系のミッションスクールなので基本的に教師達は英語で話し、日本語で教えることも無かったため、バートのように日本語と英語を巧《うま》く使い分ける子供は稀有《けう》だった。通学すると決まったように校門に校長が立っていて、珍しく子供達に愛想を尽くす微笑を振りまきながら手を挙げるのであった。子供達の世界にはもともと屈託《くったく》がなく、仮に皮膚の色が白色であろうが黒色であろうが大人の世界のような差別意識はなかった。むしろ正々堂々としたコミュニティを生成し、偏見や人種的な不公平など存在し無かった。ウォーカー校長は身長が日本人の大人の男性より遙《はる》かに高く、口髭《ひげ》をはやした紳士だった。英国ミッションスクールは日本型の教育システムとは根本的に異なり、九カ年におよぶ長期にわたる一貫教育であり、世界のどの国に転校しても通用できる教育方針を採用していた。クラスは少人数で構成され、女性教師が圧倒的に多数で、特に英国系の白人教師がひときわ目を引いた。バートもようやく生来の明朗闊達さを取り戻し、少年らしく学校生活を中心として有意義なライフスタイルをエンジョイしていた。

ミッションスクールに通い始めてから、英国人との友人関係者が多くなり、幼児のころから付き合いのある自宅近所に住む日本人に対して何とはなしに疎遠《そえん》となりつつあった。母今日は学校から帰宅してもすぐ英国人の少年達と一緒にサッカーやフィールドホッケーなどに興《きょう》じるバートに再三注意をして、近所の日本人とも仲良くすることを常々促《うなが》していた。

母との会話は常時日本語で話し、学校では英語の生活を何の変哲もなく繰り返したが、別に不思議とは思わなかった。しかしバートも物心のついたこの時点で自分はやはり日本とアメリカの二つのルーツを持つ人間であることを再認識した。

自我の成長と将来の夢を抱く

バートは10歳のとき夏休みを利用して、英国人の友人達と六甲山《ろっこうさん》に出かけた。母が早起きして作ってくれたサンドイッチを持参した。ランチタイムが待ち遠しいと友人達が異口同音に騒ぐので、ベンチにかけて各々の弁当を食べ始めることにした。イギリス人のごく親しい友人がバートの顔を見つめながら「ジュリアン、君は将来何になるのか、どんな仕事が好きなのか」などと矢継《やつ》ぎ早に質問してくるのだった。

他の外国の友人達も一斉にバートの方を向き、その早い返答を待ち構える様相が鮮明に分かった。バートはいつも父の海外出張のお土産として色々の外国のおもちゃのことを想起していた。電池で動く電車や車、飛び跳《は》ねる可愛い動物達の精巧《せいこう》でかつ綿密な程《ほど》に製作されている玩具類に頗《すこぶ》る高い関心と興味が人一倍多かったことなどが脳裏を掠《かす》めるのだった。

バートは幼児のころから機械類、とりわけ動きの激しい車や汽車などには特別に興味が深かった。その気持ちは年を追うごとにエスカレートし、後年、大人に成長してからもその気持ちに変化は無かった。そうした興味の対象や自分の将来の夢を友人達の前で堂々と述べること自体、まさに自我の成長を物語る出来事だったと回想するのである。

バートだけでなく他の友人達も競って将来の夢や希望する職業の特徴や格好のよさなどを話した。その様子はあたかも外国映画のワンシーンを見ているようだった。母も日増しに成長していくバートを見ては微笑んでいた。更に自我を主張するかの如くバートは熱っぽく夕食時に母の顔と料理の皿を見比べながら語りかけた。ナイフとフォークを置き、エジソンみたいな偉大な発明家になることを手を上げ大きなジェスチャーを交えて話すのだった。少年バートの希望と夢は明確で限りなく大きく、学年を進級する度に自我と夢は膨《ふく》れあがり始めていた。

　朝な夕なデュークを散歩させることはバートの日課だった。デュークは強靭で太く頑丈な革製のリードをぐいぐいと引っ張って走る。絶対どんなことがあってもデュークを放してはいけないことを再三注意されていた。デュークとの散歩は傍目《はため》には堂々としていて楽しいように見えるが、小学生の子供には大変な重労働であり、特に寒い冬には耐えがたいほど苦痛を味わうのだった。散歩が終わると急いで朝食を済ませ、電車に乗り学校まで走って教室に入ることが常であった。

　きちんとした彼の部屋は整然としていて、本棚にある本は一冊たりとももはみだしたり雑になったりすることは無かった。母はバートの部屋を掃除する度に一輪の野の花を添《そ》えた。几帳面《きちようめん》な性格は父ジュリアンに似ていると納得して窓を開け大阪湾を眺めるのが常であった。

国際色豊かなミッションスクール―カナディアンアカデミー

バートは小学校四年目からカナディアンアカデミーに転校した。学舎は神戸市王子公園近くにあり、四階建の何の変哲もない建物だったが、緑の木々や色とりどりの花々に囲まれていた。その学校もミッションスクールなので、学校長はカナダ人の宣教師でもあった。多くの先生方も宣教師を兼ねていて毎日忙しそうに働いていた。日本の教育制度でいうところの小、中、高等学校共学の一貫教育のため、丁度年齢的には六、七歳から十六、七歳位の男女でクラス編成がなされていた。まさに国際色豊かに色々な外国人が入学や編入学、転出、転校などあたかも年中行事のように繰り返しては、教務オフィスを賑《にぎ》わせていた。東洋人も結構多く中国人、インド人などもクラスの中には必ずといってよいほど在籍していた。バートのような日米二世も多く学内は常に平穏な雰囲気と環境に恵まれ、争いごとや諍《いさか》いが起きることも無く平和な学園生活をエンジョイしていた。

しかし、日本の国内外の情勢を鑑《かんが》みるとこうした平和な学園生活とは裏腹に、日本の軍部の台頭は日中戦争を契機に米国との関係をますます悪化させた。圧倒的な両国

カナディアンアカデミーの同窓会（於 神戸国際会館）

の国力差を省みない無謀な戦争へと突き進むのであった。

1939年、先生達はカナダに帰国、学校は封鎖された。バートは十二歳まで在籍した事になる。

日米開戦の前年である1940年（昭和15年）に日本は、世界が驚愕《きょうがく》しなおかつ日本有史上でも類を見ないものを創りあげた。突如、全世界に向けて発表したのは、技術の最高の粋を集めた戦闘機ゼロ戦と戦艦大和の誕生だった。しかし、その存在は多くの日本人が認める栄光と挫折の象徴でもあり、軍国主義の台頭は全国民の取り返しのつかない悲劇を招く大惨事《だいさんじ》をもたらすことになった。

第3章　日本の国情と軍国主義の台頭

Ｊバートの青年期

日米開戦前の暗雲

１９４１年（昭和16年10月）日本の国情は限りなく暗澹としていた。第三次近衛内閣が退陣して、替わって開戦派の筆頭と言われていた陸相兼務の東条英機が首相に就任したのだった。対米開戦を巡《めぐ》り陸海軍双方の対立の激論が繰り返された。結論の出ないまま強硬派がイニシアティブを採り開戦への路を進んだ。元来、日本には資源が乏しくとりわけ石油の覇権《はけん》を巡っての日米衝突がその起因とされているが、その問題の本質はもっと複雑であった。日本の国民感情は軍部や報道機関の扇動もあって徐々に対米戦争やむなしの方向へ傾きつつあった。そして日本の軍国主義の顕著な台頭をだれもが遮断することもできず、軍事力を増進させいよいよファシズムの風が強く吹き始めてきていた。

ミッションスクールで勉強した範囲では、国力や経済力など当時の日米両国の実質トータルの国力を比較してもその優劣は明確だった。父親のジュリアンは典型的な平和主義者で国際的なビジネスマンだったので、この大きな問題を質問したらどんな明快な解答を出したであろうか。大国アメリカと日本は何故戦わなければならないのか、次から次へと疑問が起こった。その疑問の山積《さんせき》から逃避《とうひ》したくなるような気持に満ち溢《あふ》れていた。バートの心の奥底《おくそこ》で日米二世の人間がなぜ父親の母国アメリカと戦争するのか、バートの心の中の葛藤を解決する術などないし、あろう筈《はず》もなかった。

父の祖国アメリカと母の祖国日本の両国の間で揺れ動く相克の中にバートはいた。だが名家としての家訓を遵守するかのように、台所に立って微動だにしない母の後姿からついた自信ある考え方を得たのだった。「僕の国籍は立派な日本なのだ」、「母の血筋や何代もの継承された家系からみても、また伯父や祖父の陸軍近衛兵という名誉ある遺伝子を受け継いでいるプライドこそ僕に与えられた運命であり使命なのだ」と思いバートはなぜか不思議なくらい力が湧《わ》きでるよう感じた。脆弱なこれまでの自分の精神力を口惜しく思うのだった。

三重県関津の母今日の親戚達を思い出しただけでも、誰一人してバートを憎々《にくにく》しく思ったり、苛《いじ》められた記憶などなかった。

元来、佐藤家の長い歴史ある家系を辿《たど》ると兄頼朝に追われ、奥州に逃れるまで流浪の旅を続けた義経を守り、藤原氏に討たれるまで義を貫いて後世にその名を残した佐藤兄弟の末裔である。そのことを子供の頃から祖父にいい聞かされていた。

佐藤継信《つぐのぶ》、忠信《ただのぶ》兄弟は、源義経の四天王として、歴史上よく知られた人物である。弟忠信は、義経が吉野山に隠れた時、多数の山僧に攻められた際に、自らを義経と称して奮戦した。兄継信も屋島の戦いで義経の身代わりとなり戦死したことでその名を歴史に刻んだ。

そもそも佐藤家の家系図は、初めから表具された立派なものではなく、母今日が両親の墓参に帰郷した折、実家の奥座敷の仏壇を掃除していた時に見つけたものであった。その仏壇の位置は子供の頃から変わっていなった。先祖代々の格式ある仏壇で滅多に抽斗《ひきだし》など開けることさえなかったが、何故か今日は子供の頃の鮮明な記憶がその時甦り、祖母の話が脳裏を駆け廻った。

神の啓示なのか今日が生まれて初めて生家の仏壇の抽斗《ひきだし》に手を触れた。色褪《あ》せた古文書のような汚点《しみ》のついた和紙に黒い文字が羅列して配され、当初はこの文書が何を意味するのか、皆目見当がつかなかった。断片的な和紙を繋ぎ合わせると、一幅の家系図らしい。一緒に墓参にきていた親戚一同もみな興奮気味に意見の一致を見るのだった。

母今日は、早速芦屋に持ち帰ると芦屋市立図書館に依頼し、新しく巻物に作り直した。先祖の誰もが成しえなかった代々の家系図を次世代の者に残す大事業を終えた事に、今日は満足と達成感を憶えるのだった。バートもそのような家系図発見・表具・装丁の経緯を母今日からことあるごとに聞かされ諳《そら》んじる位になっていた。

佐藤氏のゆらい

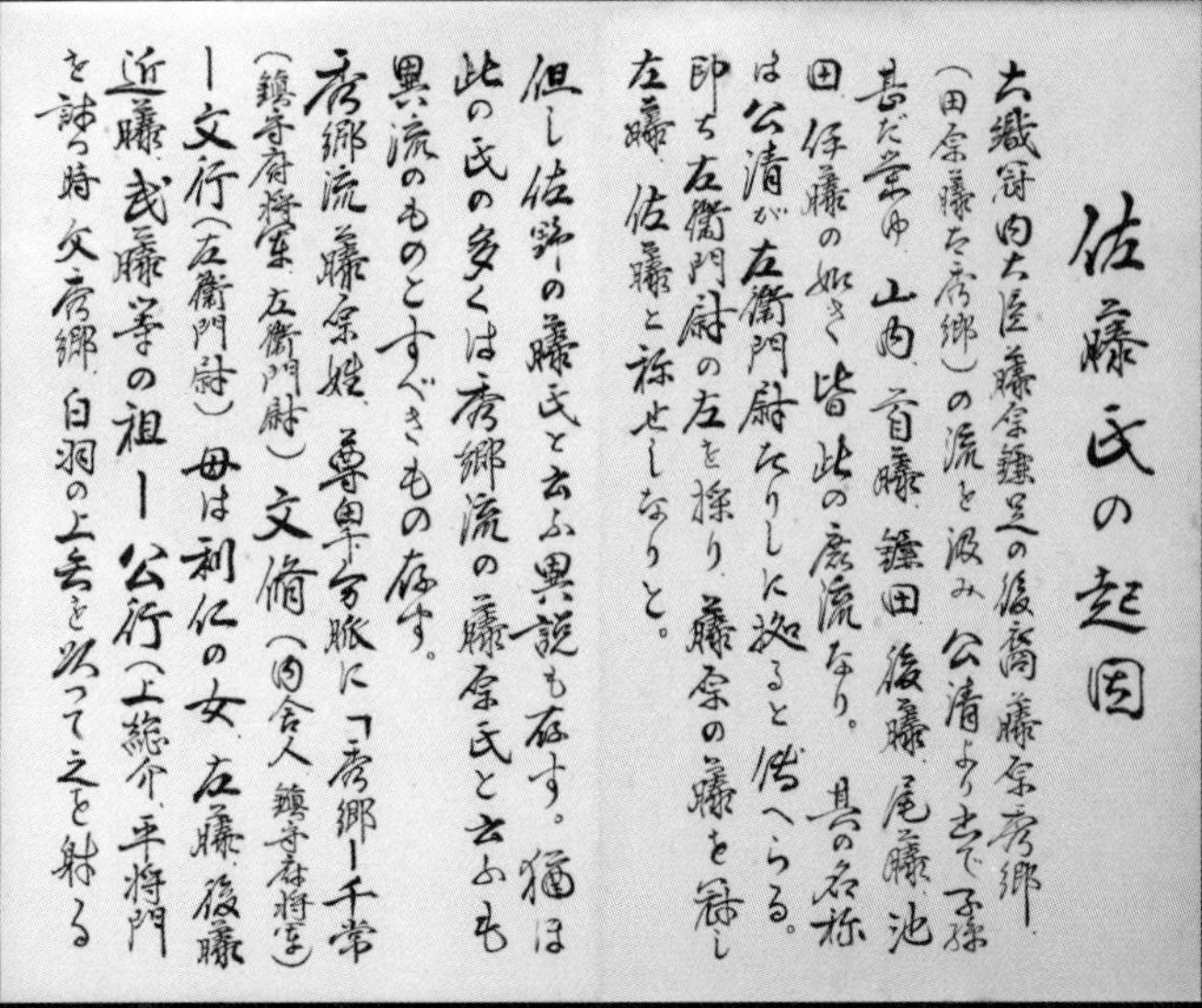

大織冠内大臣藤原鎌足の後裔藤原秀郷
(田原藤太秀郷)の流を汲み公清より出で子孫
甚だ栄ゆ 山内、首藤、鎌田、後藤、尾藤、池
田、伊藤の如き皆此の秀流なり。其の名称
は公清が左衛門尉なりしに起ると伝へらる。
即ち左衛門尉の左を採り藤原の藤を冠し
左藤、佐藤と称せしなりと。
但し佐野の藤氏と云ふ異説も存す。猶ほ
此の氏の多くは秀郷流の藤原氏と云ふも
異流のものとすべきもの存す。
秀郷流藤原姓 尊卑分脈に「秀郷―千常
(鎮守府将軍、左衛門尉)文脩(内舎人 鎮守府将軍)
―文行(左衛門尉)母は利仁の女 左藤、後藤
近藤、武藤等の祖―公行(上総介、平将門
を誅う時父秀郷、白羽の上矢を以って之を射る

佐藤氏の起因

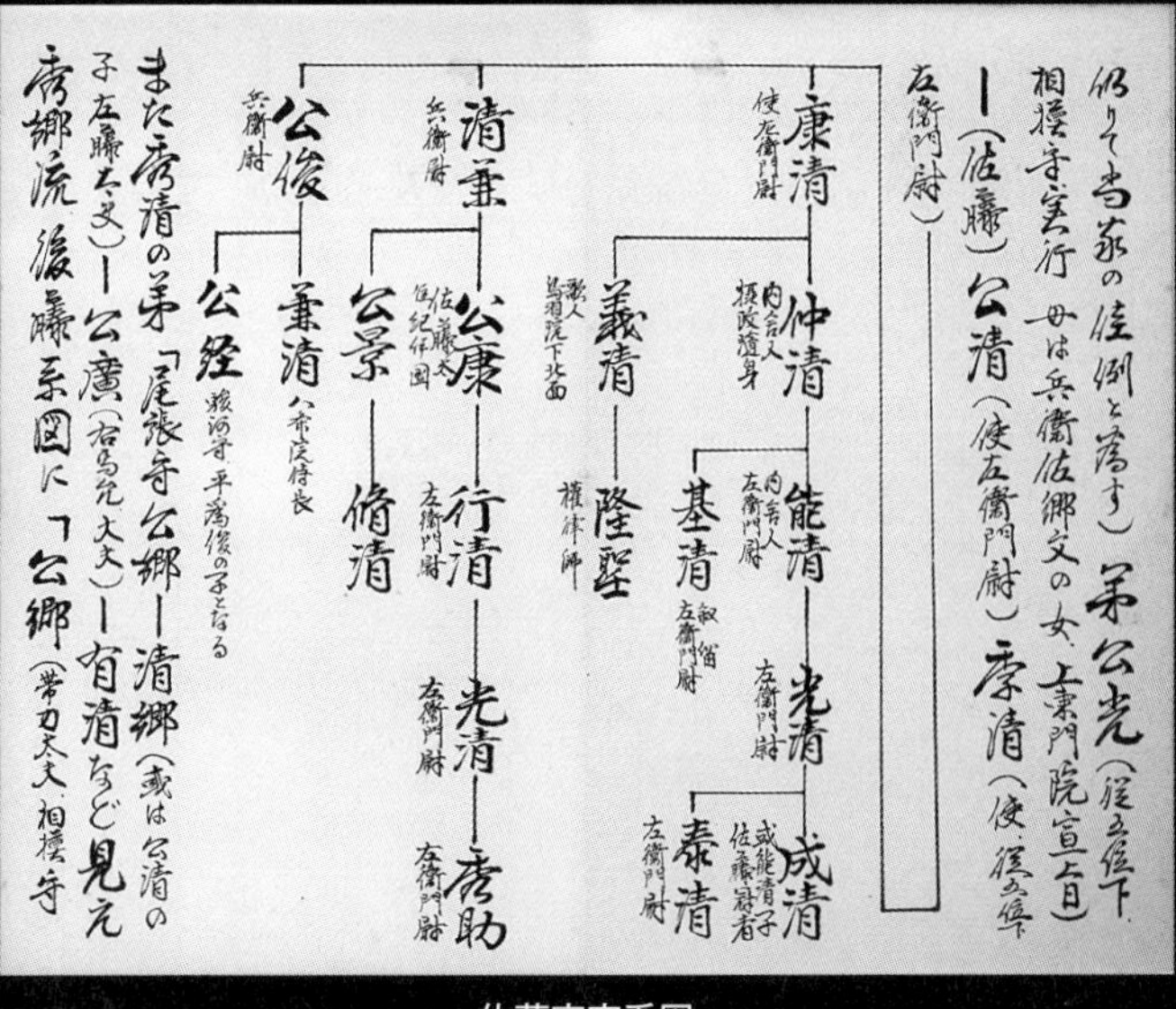

仍りて当家の佐例と為す)弟公光(従五位下
相模守実行 母は兵衛佐郷文の女、上東門院宣旨
―(佐藤)公清(使左衛門尉)季清(使従五位下
左衛門尉)

また秀清の弟「尾張守公郷―清郷(或は公清の
子左藤太丈)―公廣(右馬允大夫)―有清など見え
秀郷流後藤系図に「公郷(帯刀大夫、相模守

佐藤家家系図

公光の末子）—清郷（佐藤左丈）—公廣」また公郷の兄「公隆（佐藤帯刀）」と。また結城系図に「房郷—千常—智方（一本、此の一代なし）—文脩—文行（左衛門左丈）母は利仁将軍の女（一本に此の流佐藤と称す）公光

公脩（左衛門尉）—師清（出羽守）—師文（城介）—師則（左衛門尉）—師信

公清（左衛門尉）—房清（伊豆守）—康清（左衛門尉）—西行（兵衛尉）—隆聖（僧都）

　公清—公俊（駿河守）

　公清—清兼（左衛門大丈）—公康（右兵衛尉）—俊清—光清

　公清—康清（左衛門尉）

　公清—知郷（尾張守）

公俊（左衛門尉）

公季（木工助）

公方（相模四郎）

公房

公停（木工允）—公輔—公宗—俊光—公則

と。また佐藤系図には「(一)房郷—(二)智常—(三)文脩—(四)文行（左衛門大丈、相模守）—(五)脩行

弟(五)公光（相模守）—

公仲—公輔（佐藤左丈）—師清（出羽守）—師文（秋田城介）—師則

　公仲—公宗

　師文—師綱

公清（兵衛尉）—公澄—康清（兵衛尉）—範清

など見ゆ。

又伊勢国鈴鹿郡原村に佐藤氏あり。深く専修寺の中興真恵に皈依し、其の去るに臨みて親鸞上人及び聖徳太子の木像と自筆の六字名号を与へられ今も其の家に蔵すとぞ。

一族の著名人物略伝

藤原鎌足

字は中郎、一に鎌子とも称した。大織冠内大臣大和国高市郡の人。その先は天児屋根命から出で、氏を中臣といひ、世々祭祀の職を掌った。父は御食子母は大伴夫人といふ。

推古天皇の二十二年に藤原の第に生れ奇瑞があつて偉業の人たるの兆と示した。性仁孝、聡明叡哲 幼より学を好み、博く書傳に渉った。当時の碩学旻法師の許に赴いて、諸公子と周易の講義を聞いた。この流義入鹿の権勢が満朝を壓しておったが講筵の折には蘇我大臣(入鹿)から礼を以って遇せられたので 旻法師は鎌足の偉材であることを認め親しく自愛すべきを告げた。舒明天皇の御代の初め錦冠を授けられ世傳の業を嗣ぐべく命を拝したが、固辞して三島別業に退いた。まもなく天皇崩じて皇極天皇践祚せられるにおよび蘇我氏の専制甚しくなったので時局を慨歎した。時に皇弟軽皇子が脚を患はれて参朝せられなかったので窃かに皇子の宮に参って時勢について意見を上り皇子から その雄略の宏遠で智計の人に過ぐるものあるを認められて 殊遇された。皇子を萬乗の尊に推戴の意を持ったが大事の決行には更に有力者の支持を必要と考へ舒明天皇の皇子中大兄の雄略にましますを知り法興寺の蹴鞠会に於て、皇子の脱ぎ落された御鞋を捧げ奉つて君臣水魚の契を結んだ。

皇極天皇の二年入鹿の専恣甚しく上宮王家の族滅を行ふに至つたので、中大兄皇子の諮問に應じて、撥乱反正の策を献じ、その一手段として蘇我石川麿を味方とし、その女を皇子に勧めて姻縁とし蘇我大臣家の族滅と現制氏族制度と社会及び政治組織の変革を計畫し、皇子から成敗の運を託せられた。計畫の同志として佐伯古麿、犬養網田等の武勇強膂力の優れた者を推薦し皇極天皇四年六月に中大兄皇子は三韓の上表ありと詭し天皇の大極殿への出御を奏請し、古人大兄皇子を従へて親臨されるや、舍人をして入鹿の参内を促し入鹿の来るや、俳優に命じて帯剣を脱して着座さし、石川麿が進んで三韓の表文を読んだ。この時、衛門府に命じて十二の宮門を閉ざさせた。中大兄皇子は長槍をとつて殿側に隠れ、鎌足は弓矢を持つて翼衛となり、古麻呂、網田の二人に剣を授けて入鹿を誅せしめんとしたが、古麻呂は入鹿の威を恐れて逡巡として進まなかつたので、皇子は急に入つて入鹿を斬り事情を上奏した。入鹿の父蝦夷は自第に火を放つて自盡し、鎌足の計畫は全く成功した。やがて天皇は中大兄皇子に譲位の意がましましたが、鎌足は皇子の諮問に應つて軽皇子を天位に進めることが輿望である旨を進言した。よつて軽皇子が即位された。孝徳天皇である。天皇は先帝を尊んで皇祖母尊と申し、中大兄皇子を皇太子とし、大化と建元された。鎌足は特に詔を拝し国家の機務燮理の大任を命ぜられ、大錦冠を拝し内臣を授けられ封二千戸を賜つた。これより内臣として諸官の上に居り皇太子を助けて諸政を改革断行し所謂大化改新の事業を成就した。白雉五年に優詔を以つて紫冠を拝し、八千戸を増加された。齊明天皇の重践せられ中大兄皇子が萬機の政を委せられるにおよび、諸事は鎌足への諮問の後に施行されることとなり国政は面目を一新するに至つた。かくて大紫冠に

進み、五千戸の増封を受けた。やがて天皇西征
九州の行宮に於て御病を得らるゝや、親しく
神祇に祈り、また三宝の冥助を乞うたが、遂
に崩御せられた。よつて皇太子が称制せられ
ついで即位して天智天皇となられた。天皇一日
酒宴を催された時、皇太子大海人皇子が長槍
を以つて敷板を貫かれたので、天皇の逆鱗まし
ましたが、鎌足の諫止によつて事は平に治まつた。
これによつて皇太子は始めて鎌足を親重され、
後年吉野に兵を起された時、鎌足がなほ生存
しておれば事ここに至らなかつたであらうと歎ぜ
られたといふ。
天皇即位の二年鎌足の病篤きにおよび、その
第に幸して病を問はれ、ついで皇太子を差遣さ
れて、大織冠を授け、内大臣に任ぜられ、藤原
朝臣の姓を賜はつたが、十月十六日淡海第に薨
した。時五十六。天皇廃朝せらるること五日、蘇
我赤兄を勅使として金香爐を賜はつた。摂津
河威山に葬つた。のち長男の僧定慧が唐か
ら帰朝して大和多武峯に改葬し、その肖像を作つた。

藤原真楯

奈良朝の廷臣、歌人、贈太政大臣。房前の三男
母は太宰帥美努王の女、牟漏女王。霊亀元年
生る。本名は八束、度量弘深、公輔の才があつた。
天平年中に春宮大進、右衛士督、式部大輔、左衛門
督、治部卿と歴任して二十年参議に任ぜられ、聖武
天皇の寵遇を蒙ること甚だ厚かつた。淳仁天皇の
天平宝字四年に真楯と改名し従三位大宰帥
になり、六年中納言に進み、称徳天皇の天平神護
二年大納言に任ぜられたが、この年の三月十二日
五十二歳を以つて薨し、太政大臣を贈られた。
萬葉集には歌八首見えてゐる。

待ちかてに吾がする月は妹がさる
三笠の山にこもりてありけり。

藤原冬嗣

平安時代の政治家、右大臣内麻呂の二男 母は飛鳥部奈止麿の女 寶亀六年生る。資性温雅寛容文武の才を嚴ね 大いに人望を得た人であった。 延暦二十年に大判事に任ぜられてから左衛士少尉、侍従大舎人助等を経て 嵯峨天皇の践祚に及び 恩遇凾に厚く 大同五年三月に巨勢野足と共に新設された蔵人頭に任ぜられ天皇の機密に参与し 弘仁二年参議に任ぜられた。

弘仁五年 その第に行幸を仰ぎて宴を張り詩賦の催しを行った時 叡慮により従三位に叙せられ 室 美都子は従五位下を授けられた。この時 嫡子良房は十一歳であったが、天皇の恩寵を蒙り天皇最愛の皇女 潔姫を降嫁せしめられた。 弘仁七年に権中納言に進み ついで陸奥守 出羽按察使、中納言、大納言に進み 同十二年 右大臣に任ぜられた。 淳和天皇の御代の始め 弘仁十四年に正二位に叙せられ 女 順子を皇太子 正良親王(後の仁明天皇)の妃として

皇室との深き縁を結び、家運の隆盛を図った。天長二年に桓武天皇以来 闕けておった左大臣の顕位に任ぜられ 皇室の寵栄は益々加った。 天長三年七月二十四日 五十二歳を以って歿し正一位を贈られた。 ついで文徳天皇は御外孫に当りましたため 嘉祥三年に更に太政大臣を追贈された。 世に閑院大臣と称せられた。藤原氏一門のため 盡すところ少くなく 施薬院を置いて 一族の子弟の困窮者を収容し 勧学院を置いて 一族の子弟の教養を行ひ また氏寺である興福寺 南圓堂を建てて 家運の隆昌を祈った。 政理に通暁すること深く 嵯峨天皇の御代には 勅を奉じて 格式の撰修を行ひ淳和天皇の御代には官吏の擢任 巡察使の発遣 詔命の時に慎びて 民の煩なからしむべきこと等を上奏して嘉納せられた。 奈良朝時代に栄えた藤原氏が仲麻呂 仲成等の陰謀のために勢力を失墜し 平安時代の始めには良岑 清原 春原 多治比 伴 小野橘等の諸氏と漸く肩を並べる有様となったが

冬嗣が人望と皇室の寵眷を蒙るに至って藤原氏再興の機運が啓かれたのであった。

藤原良房

平安時代の政治家 摂政太政大臣、贈太政大臣冬嗣の二男、母は従五位上阿波守眞作の女尚侍贈正一位美都子 延暦二十三年生る。幼時から風格人に優れておった。十一歳の時嵯峨天皇の殊寵を蒙って皇女潔姫を配せられた。淳和天皇の天長三年に蔵人に補せられてから中判事、大学頭、加賀守、左近衛権少将蔵人頭を経て仁明天皇の承和元年に参議に任ぜられ

父祖の勢力と妹女御順子とのために威権は大いに盛んで二年に権中納言に進みついに陸奥、出羽按察使を兼ねた。当時淳和上皇の皇子恒貞親王が儲位に備はってをられたが、仁明天皇は順子の御腹の道康親王がましまし良房はこれに嘱望するところ極めて深かった。承和九年淳和上皇崩御によって、皇太子の地位は危殆に瀕したので、東宮帯刀伴健岑、橘逸勢は皇太子を奉じて東国に走らうと企てたので、皇太子はこの事変に坐して廃せられ、ついで道康親王が、東宮と定められた。この時良房は中納言から大納言に進み、嘉祥元年に右大臣に任ぜられた。嘉祥三年天皇崩じて皇太子践祚され、文徳天皇と申し上げた。良房は天皇の東宮の折に女明子を妃としたが、天皇践祚の年に惟仁親王が降誕になり、直ちに皇太子と定められた。斉衡元年に左大臣源常の歿後は良房は廟堂の首班となったが、天安元年に太政大臣に任ぜられた。人臣でこれに任ぜられた始めである。翌年天皇崩じ皇太子は九

齢で踐祚された。即ち清和天皇である。よって
良房は萬機の政を攝行することになった。
貞觀八年に應天門の燒失事件が起って、大納言
伴善男が失脚してからは、藤原氏と權力を比
肩するに足る名族はなくなって、藤原氏の意の
ままになるやうになった。それ故にこの事變間
もなく良房は攝政の詔を蒙り名實共に萬機
攝行に當ることになった。これは臣として攝政と
なった始めである。貞觀十三年に准三宮として
年官を給はり隨身兵仗を賜ひ封戸を加賜され
また、直廬を宮中に給はった。翌年九月二日病
を以って薨じた。年六十九 正一位を贈られ、忠
仁公と謚し美濃国に封ぜられた。世に白河殿
または染殿といふ。兄長良の子基經高子を
養子女とし基經に家を讓り高子を清和天皇
の女御として皇室との縁を深くした。貞觀十年
に女御は貞明親王を生み、親王は翌年東宮に
立たれた。後の陽成天皇である。良房の墓は
山城愛宕郡白河にあって、毎年山陵と同様に荷
前の幣帛が供へられた。良房は位人臣を極め、藤
原氏興榮の基礎を固くした。

藤原秀郷（田原藤太秀郷）

平安時代東国の豪族。左大臣魚名の後で、下野
大掾村雄の子 母は下野掾鹿島の女。世に俵
藤太と呼ばる。武勇に長じ籌略に優れた。
延喜の末 罪を得て配流されたが、のち下野押
領使となり六位に叙せられ、下野国佐野に居
住して武名を遠近に轟かせた。天慶三年平
将門の叛するに及び、詐って その招きに應じ将
門と會して共に事をなすに足らぬことを認

め、平貞盛と共に将門を攻めて誅し、功に依つて従四位下に叙し、下野守に任ぜられた。子孫は東国地方に繁衍し、並に堀、小山、結城、下河邊の諸氏となり、世に秀郷流といふ。

贈正三位

西行法師

既述の義清は分脈に「歌人鳥羽院下北面佐兵衛尉。母は監物源清経の女。道心に依り出家入道し西行法師と云けるが、後法圓意と改め云々」義清は勇敢にして弓に長ぜしが、旅人憲康の頓死を見て無情を感じ、官を辞し妻子を棄て嵯峨に往きて僧となる。時に歳二十三歳。それより七十三歳河内国弘川寺にて寂する迄五十年間、天下を周遊して嘯味し、山家集二巻の和歌となす。嘗つて櫻を見て、

願はくば花の下にて我死なん
そのきさらぎの望月の頃

と詠ぜしが、その言葉の如く二月十六日に死せしと傳へらる。

佐藤元治

鎌倉初期、奥州信夫の荘司、一に基治と称す。平泉の藤原の郎党で性豪邁、精忠を以つて聞えた。湯の荘司といふ。文治五年七月源頼朝、平泉泰衡を討すと聞き、石城大鳥城を出て、叔父河邊太郎高経、伊賀良目七郎高重ら一族を引具して信夫郡石那坂に陣し、逢隈川の水を引き、弓矢を張つて討手の至るを待つた。八月八日頼朝の臣中村時長その

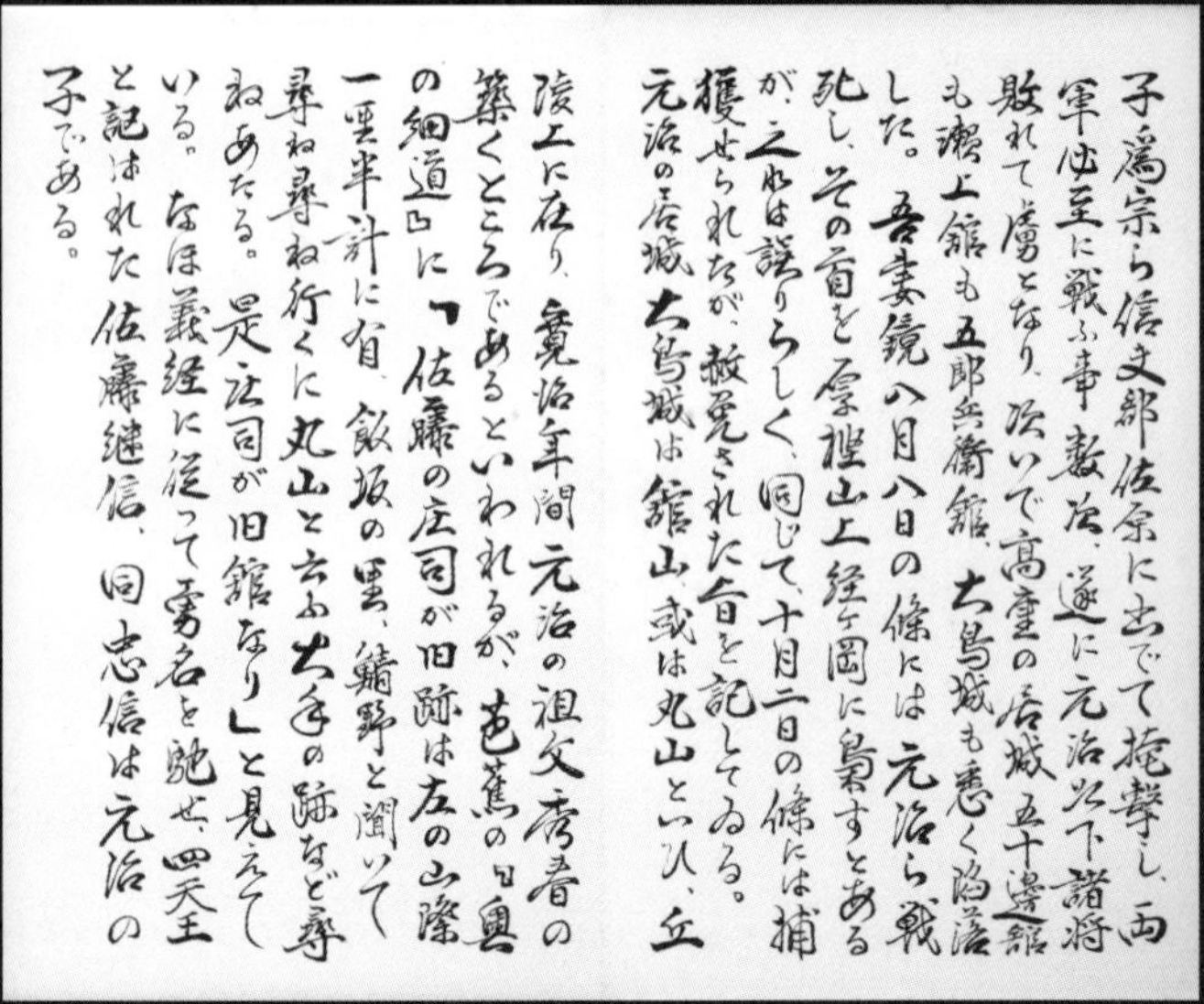

子爲宗ら信夫郡佐奈に出でて掩撃し、両軍此処に戦ふ事数次、遂に元治以下諸将敗れて虜となり、次いで高重の居城五十邊館も瀬上館も五郎兵衛館、大鳥城も悉く陥落した。吾妻鏡八月八日の條には元治ら戦死し、その首を阿津賀志山上経ヶ岡に梟すとあるが、これは誤りらしく、同じて十月二日の條には捕獲せられたが、赦免された旨を記してゐる。元治の居城大鳥城は舘山、或は丸山といい、丘陵上に在り、寛治年間元治の祖父季春の築くところであるといわれるが、芭蕉の「奥の細道」に「佐藤の庄司が旧跡は左の山際一里半計に有。飯坂の里、鯖野と聞いて尋ね尋ね行くに丸山と云ふ大手の跡など尋ねあたる。是庄司が旧館なり」と見えている。なほ義経に従って勇名を馳せ、四天王と記された佐藤継信、同忠信は元治の子である。

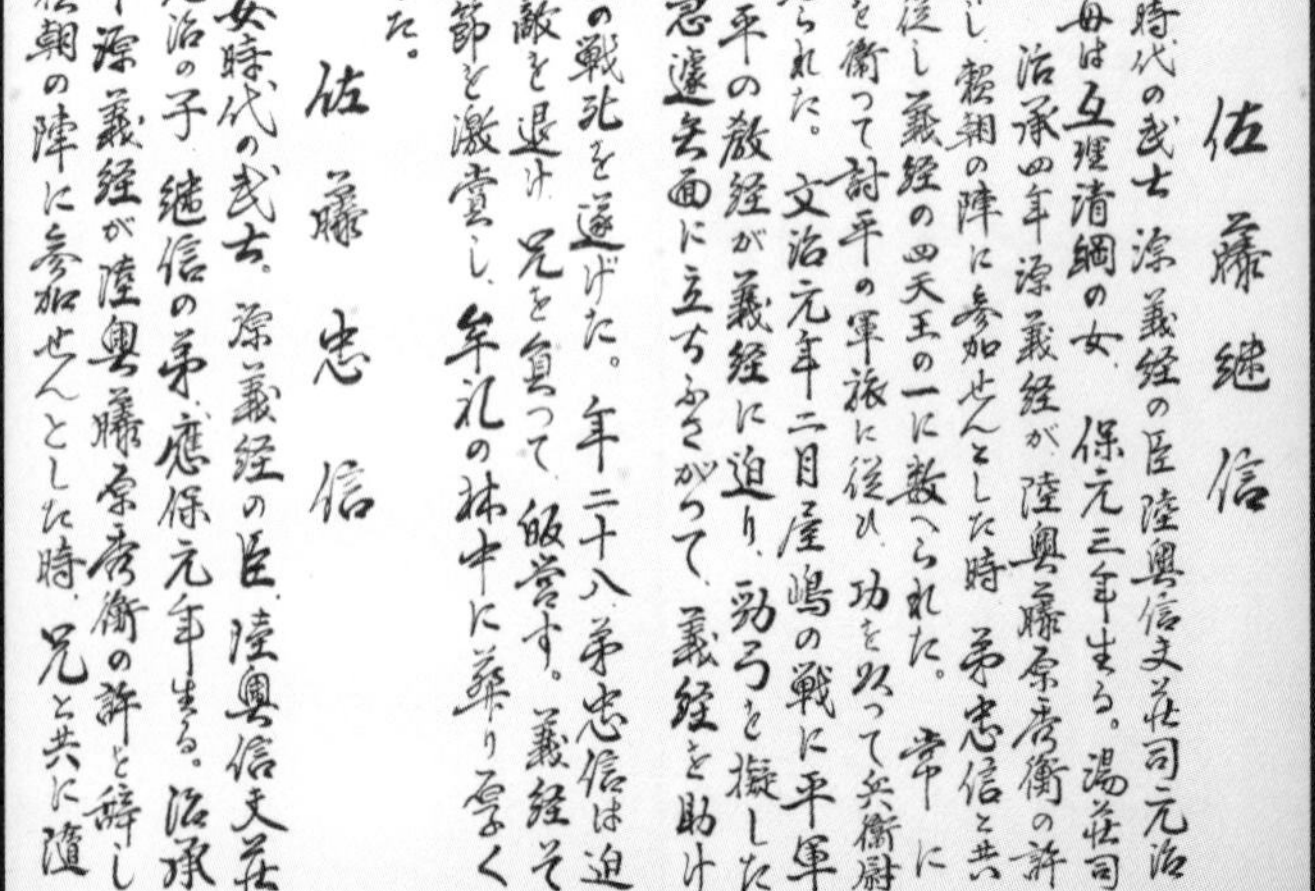

佐藤継信

平安時代の武士。源義経の臣。陸奥信夫荘司元治の子。母は亘理清綱の女。保元三年生まる。湯荘司といふ。治承四年源義経が、陸奥藤原秀衡の許を辞し頼朝の陣に参加せんとした時、弟忠信と共に随従し義経の四天王の一に数へられた。常に義経を衛って討平の軍旅に従ひ、功を以って兵衛尉に任ぜられた。文治元年二月屋島の戦に平軍の将、平の教経が義経に迫り、弓を擬した時、急遽矢面に立ちふさがって義経を助け名誉の戦死を遂げた。年二十八。弟忠信は迫れる敵を退け、兄を負って帰営す。義経その忠節を激賞し、牟礼の林中に葬り厚く弔した。

佐藤忠信

平安時代の武士。源義経の臣。陸奥信夫荘司元治の子。継信の弟。保元元年生まる。治承四年源義経が陸奥藤原秀衡の許を辞し頼朝の陣に参加せんとした時、兄と共に随

佐藤家先祖

従して居 常に義経の身辺を衛った。
義経に従ひ平氏討伐軍に加って戦功を立て
兵衛尉に任ぜられる。 義経が頼朝と不和と
なり文治元年十月頼朝の刺客昌俊が義経
を堀河台に夜襲した時には力戦して之を撃
退し 十一月義経が京都を没落するに及んで、行
を共にし 吉野山に於て、山僧横川覚範等の
襲撃を受けた時には義経の自裁せんとする
を諫止し 義経の名を冒して 山僧等を拒いて
義経守護の任を盡したが、頼朝方のため発見
され、文治二年九月四條室町の第で討手
糟屋有季等と戦って終に自殺した。年二十六。

芦屋市立図書館に於て
精調の上 これを記す。
昭和四十年十一月三日
鶴岩耕石

パールハーバー奇襲《きしゅう》の夜

1941年（昭和16年12月8日）は、ついに日本にとって運命の日となった。日本軍の空母と機動部隊がハワイ真珠湾の米太平洋艦隊を奇襲し、また陸軍は南方マレー半島に進軍を開始した。バート宅には比較的に音響効果の良いラジオがあり、独特の口調でしかも端折《はしょ》って何遍《なんべん》も繰り返しながらこのビックニュースが流れていた。日本は12月8日未明だった。

クラスの先生が「日米開戦は両国が激突する文字通りの戦争なので、両国の戦争はそう簡単に短期間で終わるとは思えない。返す返すも残念だがこのクラスも終わりとする日が近いのでクラスメートはその点を理解すること」と話した。担任の宣教師は更に付け加えるように「戦争は国と国とのどうにもならない理由から開戦を余儀なくされるのであって、決してその国の人対人との争いごとではない」と涙ながらに話すのだった。

次の日の朝刊一面トップ記事には二つの写真が最大に誇らしげに飾られていた。一つは撃破された「米国戦艦アリゾナ」の大きな写真であり、もう一つは日本空軍に撃破された凡そ二百機の米軍航空機の残骸《ざんがい》が無惨《むざん》な姿を飛行場にさらけだした写真であった。真珠湾攻撃から時差の関係で数時間後、日本時間午前7時ラジオによる臨時ニュースから大抵の日本国民は目をこすりながらこの真実を知った。連日連夜、日本列島の津々裏々《つつうらうら》、列島の隅々に至るまで、この世界が驚愕《きょうがく》するビッグニュースは新聞やラジオを通じ全日本国民に知らされた。日米開戦、初戦圧勝に沸《わ》く日本において昭和16年12月12日の閣議で対米英戦は支那《しな》事変をも含めて大東亜戦争と名付けられた。日本政府情報局は同日、大東亜戦争の呼称の意義を「大東亜新秩序建設を目的とする戦争である」ことを強調して国民にアピールした。

当時の新聞を繙きその歴史を調べると、恐ろしいほど戦果が事細かにわたりトップ記事として大きく伝えられ、全ページに戦闘状態や航空爆撃、米英戦艦を撃沈《げきちん》したと報じられていたことがわかる。大方の日本人は、軍部大本営の発表を当初は全面的に信頼しむしろ美酒に酔いしれたのだった。日米開戦を契機に、日本軍は勝利を収めるや否や南方進出を決定した。戦線は歴史上最大に広がりを見せ占領地の拡張は物資の乏しい日本軍に綻《ほころ》びを生じさせる契機を与えることとなった。

日増しに熾烈化《しれつか》する戦況は拡大の一途を更に辿《たど》った。日本軍は南方作戦を重視してアジア諸民族の解放を目的に、留《とど》まることを知らない大火災のような勢いを示した。日本は大東亜戦争という無謀な戦争に国民総動員で進んでゆくのである。ミッションスクールの教師も父兄も連日連夜に亘り新聞やラジオの媒体《ばいたい》を通じ、文字通り早朝から夜半にいたるまで四六時中戦況を報じる声に聞き入っていた。突拍子《とっぴょうし》もないかん高いアナウンサーの声は、時折絶叫するかのように大本営の発表を国民に訴えかけていた。

バート米国留学を断念

日米開戦の火蓋《ひぶた》を切ったパールハーバー急襲から戦況は日増しに熾烈な状況を呈し、神戸のミッションスクールは閉鎖を余儀なくされた。多くの級友は、学業どころか一刻も早く自国への帰国申請を外務省に届けることを余儀なくされた。

バートは母と相談の結果、クラスの先生から取り急ぎ神戸にあるフランス系のセントジョンズインスティチュートに編入を許可された。カトリック系のミッションスクールで何人かは前のミッションスクールから転校した生徒たちであった。戦況は一段と激しさを増し、バートも将来への不安と危惧《きぐ》に頭を悩ませ、行き先は混沌《こんとん》とした暗闇の彼方《かなた》に往きつく先も見えないような状況だった。セントジョンズスクールの学校長は年配のフランス出身のカソリック宣教師で、バートを校長室に呼び寄せ、何かと心配してくれた。特にバートが日米二世であることから直接敵対する米国に向かっての態度を明確にしておくことが非常に重要かつ肝要《かんよう》だと説得するのだった。

その頃も早朝に起床し、デューク二代目と散歩することが日課であった。街々の目立った建物には殆《ほと》んどといってもよいほど大きな看板に「鬼畜米英」やら外地で戦う日本陸軍兵の写真が貼ってあった。神戸市全体が戦闘態勢の雰囲気を醸《かも》しだし、国民の決起を促すポスター、看板、ビラなどがあらゆる所に空白の余地さえないほど目に付くのだった。最早《もはや》、かつての平穏だった頃の街並みがどこへ行ってしまったか分からないくらい様変わりするのに、それほど時間は要しなかった。

殊更《ことさら》に大変貌をきたしたのは神戸港で、軍艦が数隻輪《すうせきわ》を組むように浮かび、傍目《はため》にも海軍と解《わか》る水兵姿の海兵隊員が忙しそうに働いていた。こうした神戸港の風情《ふぜい》も街並みも、戦争という名のもとに突如一変した。街ゆく人たちの服装もまた大きな変化を遂げていった。軍服の者も多くなった。港、公園など至る所に陸海軍の兵隊が大勢行き来していたこともその理由の一つだ。食糧や物資不足は、街から瀟洒な佇まいを奪った。日本でも有数のエキゾチックな港町であった神戸に、もうかつての面影はなかった。モダンなレストランやホテルのネオン、イルミネーションも軍部の規制により取り外され、火の消えたように街は闇に沈み、軍歌が流れ、軍部やメディアは国民を臨戦態勢に駆り立てることに躍起《やっき》になっていた。

基本的に戦争反対論者のインテリ層や平和愛好者たちは、世の趨勢《すうせい》を危惧し、軍部の台頭や威勢のいいスローガンに眉を曇らせ、隠れるように静かに身をひそめた。軍部は街の隅々まで目を光らせた。「赤」というレッテルを貼る対象を探し求め、「憲兵」の腕章をあたかも誇示するようにオートバイに跨《またが》り街中を疾走《しっそう》していた。バート親子も戦時中であるという現実をいやがうえでも思い知るのであった。

「国破れて山河あり、城春にして草木深し」著名な杜甫の漢詩にあるように、たとえ神戸港や街々がどのように変容しようとも、六甲山や周辺の山並みを走る稜線は、いつもと変わらぬ鮮明さを示し、錦織《にしきおり》に彩られた全山紅葉は戦争とは無関係であるようにひときわ美しく、限りない秋空の下、その景観を誇示していたのだった。

ちょうどその頃、母はバートが冴《さ》えない顔で帰宅すると突如和室に座らせた。床の間には秋の季節を思わせる日本画の掛け軸があり、母が活《い》けた清楚《せいそ》な白菊が凛《りん》として一層の静けさを部屋に醸《かも》し出していた。母はバートの顔を覗き込むようにして見ると、「ジュリアン、あなたはすぐに準備を整えて米国に留学しなさい」と言った。当時の情勢を肌で感じとってバートの将来のために冷静に判断した結論だった。五里霧中《ごりむちゅう》から迷える子羊を助け出すがごとく母は力強く訴えていた。バートの心はまたまた混乱に陥り、自分の取るべき道を巡って悩みが続いた。唐突《とうとつ》に母に提案された米国留学について、バートは考えれば考えるほど分からなくなり、その夜は一睡もできずベッドの中で朝の来るのを待つだけだった。

バートが小さな胸を痛めた最大の理由は、もし故国日本を離れた場合、母一人を残して米国に行かねばならないからであった。何回何十回、自問自答しても明白な答えなど出てくる筈もなかった。来る日も来る日も苦痛と煩悶《はんもん》の暗闇から抜け出ることのなく、いたずらに時だけが経過して、貴重な時間が悔しいぐらい加速度的に費やされるのだった。

バート憧憬《あこがれ》の早稲田の杜《もり》を仰ぐ

戦争は拡大の一途を辿《たど》っていた時期であった。母今日を交えて話し合った結果、神戸を離れ日本の首都東京の著名な大学入学を目標とすることにした。バートは幼少の頃から電気系の玩具に興味を持っていた。将来は電気工学を勉強したいと考えたりしていた。その事を知っていた母の友人が早稲田大学の教授につてがあると母に伝えた。その教授とは工学博士山本忠興先生であった。その山本先生との面接の結果、早稲田大学への入学を許可されたのである。今では到底考えられない入学の仕方である。

今にも泣き出しそうな曇天《どんてん》の寒い朝、バートはボストンバッグに荷物を詰めて神戸を後に車中の人となった。父の生前に一度、何分幼少だったので鮮明な記憶は蘇ってこないが、東京見物に親子三人で行った話を再三、母から聞かされていた。いよいよ大都会東京を目指した。東京駅には母の実家の親戚がバートを待っていた。三宮駅から約十三時間程経てようやく普通列車は東京駅に到着した。国防色の服に身を包んだ人達でごった返してむんむんする暗い駅で、バートはボストンバッグを提《さ》げて叔父を探していた。迎えに来ていたのは叔父ではなく従兄だった。

中央線に乗り換え四ッ谷駅に着いた。四ッ谷駅前にある旅館は母の親戚の紹介でバートの下宿先となった。比較的きれいな旅館であり、すぐ目の前を山手線の電車が大きな音を立てて間断なく往来を繰り返していた。四ッ谷から新宿に出て乗り換え山手線高田馬場駅からは都電に乗り換え憧れの早稲田に向かった。早稲田のキャンパスは、長い歴史を経た緑の大樹に囲まれ、中央部に創立者大隈侯の銅像が堂々と立っていた。静かでアカデミックな雰囲気が漂い、ここで勉強できたらどれだけすばらしいだろう。そう思いながら、一歩一歩確かめるように歩を進めた。

遂に悲願の早稲田マンとなる

当時、太平洋戦争（当時は大東亜戦争）の熾烈化が著《いちじる》しかった。激戦の昭和17年早春、神戸に母今日を一人残すことになった。戦時中とはいえ上京の前夜、母と向い合って夕餉《ゆうげ》をとった。母が神戸の闇市場《やみいちば》からようやく買い求めてきた牛肉のすき焼きに舌鼓《したつづみ》をうちながら久方ぶりに親子で会話が弾《はず》んだ。明治生まれの気丈な母は表面上「今生の別れだなんて寸分も思わないわよ」と強気の言葉でバートと話すのだった。

もともと、バートの早稲田への受験の手続きをいち早く取ったのも母だった。世界中で一番尊敬している母の助言や忠告を何事も百%信じてきた結果、新しい人生の路を邁進《まいしん》することにバートは限りなく感謝した。その夜は珍しく深い眠りについた。隣の母の部屋から洩《も》れるスタンドの灯《ともしび》は朝まで消えることはなかった。母は眠れぬまま、この戦時体制の中、バートの将来を夜通し案じていたに違いなかった。

次から次に激戦の状況が報じられた。南方のジャングルで戦う兵隊の写真が新聞の一面トップに大きく飾られた。早朝にラジオが壊れるくらい甲高いアナウンサーの声が響く。そこでは、大本営によって周到に用意された、陸海空軍の各戦況や戦果がこと細かに報道されるのだった。日本国民総動員で鬼畜米英を倒すという合言葉は、学校、役所、図書館、駅などありとあらゆる場所で目にするようになった。

母は三宮駅まで見送りに来てくれた。入場券を買ってホームに停車中の汽車まで来てくれた母。バートは列車の中から窓を開けて母との別れを惜《お》しむのだった。できるだけ早めに上京し、東京の生活に慣れる必要があった。この戦時体制の中ではどんなことが起きるか分からない。そんな混沌とした不透明な社会環境で、息子が一人で果して大過《たいか》なく、異郷の地で生活してゆけるのかどうかが母の一番の不安だった。

鉛色の薄暗い空から今にも小雪が降り出しそうな寒い朝だった。四ッ谷の旅館を下宿先と決め入学手続きのため早稲田に向かった。戦時中なので住居難の時勢であったが、母のごく親しい縁故《えんこ》の関係から幸いにしてこの旅館に入ることができた。昼過ぎになり入学手続きも終えたので、教務員から指定された学生服や帽子など一式のセットを購入するため一人で、あちこち探し求めることとなった。

入学と同時に早稲田のユニホームたる黒詰襟の学生服を購入するため、大学からの紹介の店を早稲田界隈の鶴巻町《つるまきちょう》や西門商店街、早稲田通りなどを何軒か聞き回った。けれども戦時中のためカーキ色（枯葉《かれは》色）の国民服が僅かだけ店先に陳列されていた。翌日早朝四ッ谷から電車に乗り早稲田に着き、……なにぶん長い年月を経て明確な記憶が甦ってこないので何通り何町だったか、洋服店の名前すら残念ながら曖昧《あいまい》な現在のバートであるが……一軒の洋服店が目にとまった。人柄の良さそうなその洋服店の主人は、バートの緊急の要望を聞くと、自分の子供のようにこと細かに相談に乗ってくれた。バートが神戸出身だと話すと、俄然《がぜん》、声高らかに自分の妹が明石に嫁いでいるという話を始めた。早急に電話で当たってみるので明日また来るようにと力強くバートの眼を凝視《ぎょうし》しながら店の奥に入っていった。

翌日、再度洋服店に行くと、店主はバートの顔をみるや否や自信に満ち満ちした張りのある大声で学生服の黒い布（サージ）を入れたと伝えた。そしてバートの身体の寸法を測り始めた。早稲田大学学生服の一番の特徴である角帽は早稲田近在の洋服店や帽子屋にはただの一つもなかった。かくして、その洋服店主人の親切によって所定の学生服揃えることが出来、それを身に纏《まと》って日々を過ごした。そしてこの学生服こそ一生涯の忘れ難い宝物となった。

日本人の主食たる米は完全統制経済の戦時下ということで、国民全体に配給制度が実施された。学生は外食券食堂の看板のある食堂で食事をすると、国民一人ずつに配布されている米食クーポンの通帳から一食分のクーポンが削られた。当時主要な交通手段である列車の乗車券も、完全予約制で限度無く発行されるものではなかった。個人の配給割合を換算して一カ月に何枚、目的地まで往復か片道かというところまで予《あらかじ》め限定された。配給制度の厳しさと物資の不足は国民経済の負担を日一日と増幅させ、志気の低下を促すかのようだった。日本国民は一丸となり、「鬼畜米英」打倒を旗印に贅沢を慎み、倹約を旨とし、質素な生活を余儀なくされた。月を追うごとに食糧・物資の流通は滞り、国民生活の困窮《こんきゅう》の度合いは益々エスカレートしてゆくのだった。

日米戦の報道は、大本営発表と称され、定期的にラジオ等を通じて国民に伝えられた。だがその多くは情報操作によって、かなり歪められており、真実を覆い隠して都合のいい一部のみが伝えられたので、本当の戦果など国民には知る術もなかった。東京は神戸と較べて街には一般人に混じって兵隊の姿が多数見受けられた。丁度この頃、寿司店の寿司飯が馬鈴薯《ばれいしょ》に変わり、学生の食事券は一食ごとにスタンプを捺《お》されるようになった。戦時中、学生服に身を纏ったバートの姿を目にした日本人の中には、はっきりと敵愾心をむきだしにする者もあった。バートの風貌が日本人離れしていたからである。そのように毎日を不安と危惧で過ごしていた。

今でも、目を閉じると走馬灯《そうまとう》のように鮮明に記憶が甦り、つい昨日のように思い出すのは四ッ谷の旅館下宿での或る出来事だ。激しい雨もやみ夕闇がせまった頃、下宿の旅館の主人が顔を見るなり速足でバートの前に歩み寄り、「バート君、要注意だよ」と低い声で話すのだった。聞くところによると、突如官憲二人が下宿を訪れてバートの留守中の部屋を捜査して行ったとのことだった。確かに彼の部屋は、あちこち物色され、めちゃくちゃに隅々まで掻《か》き散らされて雑然となっていた。彼が米国のスパイであるという容疑があるという。全く根拠のない話だが、日本人の多くが、外国人を見ればそのような疑いを持つ時代だった。まるで生きた心地がしないほど将来の見えない、暗い生活の連続だった。二度目の捜索の後、神戸の母に連絡し、母は知り合いの神戸市灘区のトップに状況を説明した後は捜索を受ける事はなかった。

たまたま学校のグラウンドで野球をしていた時に低く飛んでいる米機一機が見え、その直後爆撃の音が聞こえた。それがドーリットルを隊長とする米航空部隊による東京への初めての爆撃であった。戦局はいよいよ酣《たけなわ》となった。その後東京都心部への大空襲は、日増しに多くなり、編隊を組んだB29は容赦なく襲来しては爆撃を繰り返してきた。一方、早稲田での講義は半強制的に中止や休講を余儀なくされ、突如理工学部の山本教授が招集されてしまった。彼の工学技術や知識が軍部の目にとまり、校内の噂では、教授がゼロ戦の研究、技術開発に関与しているのではないかと、まことしやかにささやかれた。

昭和16年12月8日にハワイのパールハーバーを日本海軍が急襲した後、アメリカは英仏などと連合軍を形成し、ヨーロッパ戦線に参戦した。第二次世界大戦はさらなる熾烈を極めていた。日独伊の三国同盟対連合国の激戦は世界各地で火花を散らし、文字通り世界大戦の様相を呈した。昭和17年アメリカ空軍による最初の東京空爆から徐々にB29編隊による空爆対象地域が拡大され、被害の増大を回避することは不可能になってきた。

第4章　第二次世界大戦へ国民総参戦

Jバートの早稲田時代

鶴巻町の下宿は昼も暗かった

憧憬《あこがれ》の早稲田は徐々にバートの当初の印象とは別の様相を呈し始めていた。キャンパスは全体に暗い雰囲気が支配し、大隈銅像周辺や大隈講堂を取り巻く商店街も従来の賑やかさが無く、人の往来も疎《まば》らだった。理工学部長山本忠興《ただおき》教授の多大な計らいと恩恵に預かりながらも、日米大戦の真っ只中で将来への夢どころか一条の光明さえ見ないままの学園生活を送る毎日だった。

学苑内《がくえんない》大混迷で休講続出

昭和16年12月8日の日米開戦以来、早稲田学苑内の環境も大幅に変容を余儀なくされた。まして17年は戦況が激化し、軍事体制が国民生活の上に重くのしかかり、学苑生活や学業は二の次に位置付けられた。「学の独立」を標榜する早稲田でも多聞に洩れず、日増しに熾烈化著しい戦局において、ついに昭和16年6月、文部省方針に則って、学生による勤労奉仕のための編隊組織いわゆる「早稲田報国隊《ほうこくたい》」が結成された。現代日本の社会環境からは全く想像できない事態。総長が隊長となり、学生は隊をなし、日を追うごとに勤労動員が増していった。

17年8月の夏、米軍のガタルカナル上陸敢行を契機に日本軍との勢力が逆転した。戦時体制強化はますますその度合いを強め、しめつけはエスカレートし、バート達にもそれが重くのしかかってくる。

昭和17年後半も予断を許さぬ深刻な状況が続き、日本はまさに国民総動員で太平洋戦争に総力戦を挑むことになった。挙国一致の軍国体勢の風潮は衰えず、沈静化するどころかむしろ火に油を注いだようになった。それはあたかも舵《かじ》を失った船が、真っ直ぐ前進して行かざるを得ないような具合だった。早稲田の学生達は、学業を中断して軍需工場へ動員されるか、戦場に送られるかのどちらかの運命をただ待つのみの毎日であった。教授といえども例外にあらず、赤紙によって招集される教授たちがいた。

教授も学生も「その時」を待つことだけで日々を不安に過ごすのだった。

ほどなく徴兵検査があり学苑に直接担当官が来て早々と始められた。実際に俵を背負って走る体力測定などを含み、その日の午後には、掲示板に甲種、乙種を含め合否が発表された。バートは思った通り甲種合格と発表された。いつなん時、赤紙召集が来てもおかしくないという状況だった。

恩師理工学部長山本忠興《やまもとただおき》教授との出会い

そもそも、バートが早稲田に入学する時の面接の担当教授こそが山本忠興教授であった。山本教授は戦前に早稲田国際学院（Waseda International Institute）を作り、国際化を推進した人物である。早稲田国際学院は１９３５年現在の西早稲田に設立され、外国人の為の予備校の役割を担っていた。早稲田大学の教員の多数が国際学院で兼務しており、極めて緊密な関係にあった。バートは神戸の学校では日本語での授業はほとんどなかったため、又大学で講義を受ける年齢を満たしていなかったので、当初しばらくは主に国際学院で受講していた。

早稲田大学の恩師　山本忠興教授

バートが生涯忘却できない恩人となる忠興先生は、色々な面でいつもバートにアドバイスを与え、時間を惜しまず相談に乗ってくれた。特に日米大戦の真っ只中において、日米二世のバートは、早稲田の学苑内においてさえも、西洋人に見える容貌から、冷たい目で見られがちだったからである。山本忠興教授は若かりし頃、ドイツやアメリカに留学し、電気工学を研究した経験があった。だからバートのような立場の学生に対して理解があり、日本の国内外の動向を具《つぶさ》にチェックしては、教室の片隅に学生を集めて、密かに聞き取れないぐらいの低い声で、情報を伝えるのだった。

当時の状況は緊迫し、危険を伴っていた。時が経つに連れ、対米戦の戦況は日本軍の劣勢となったが、新聞やラジオはそれとは反対の威勢の良いことばかりを日本列島津々浦々にまで喧伝していた。山本教授は、学生たちに常に冷静でいることを強調し、「戦争がどのような結果に終結しようとも君たち学生諸君の冷静沈着な言動こそ最も重要なことである」と話されていた。山本教授は真摯で優しい人柄であった。学生からは勿論のこと学苑内の教授間でも評判は頗《すこぶ》る高く、絶大な信頼があった。

早稲田資料センターに貴重な山本教授の紹介文があるので抜粋してみる。「山本忠興（1881〜1951年）電気工学、理工学部長、叔父竹内明太郎《たけうちめいたろう》の援助でドイツ、アメリカに留学し電気工学を研究した」。芝浦《しばうら》製作所（現東芝）に入社する予定であったが、浅野応輔《あさのおうすけ》に呼びだされ強い勧誘で早稲田人となったのである。そして浅野のあとを引き継ぎ二十三年間（1921〜1944年）の長きにわたって理工学部長を務め、「早稲田の山本か、山本の早稲田か」と言われるほどの人材となった。長い理工学部長の在職中に理工学部中央研究所（1925年）、応用金属学課新設、鋳物《いもの》研究所（1938年）、理工学研究所設立（1940年）、電気通信課新設（1942年）、工学経営学科新設、土木工学科新設（1943年）など次々と研究所、学科の新設を行い学部の発展と社会的評価の向上に全精力を傾けた。愛弟子の川原田政太郎《かわはらだまさたろう》と協力して開発したOMKモーターを用いたワセダ式テレビジョンで最初の野球中継を行った話は有名である。また、競走部の部長として選手を引率して数多くの外国遠征を行い、「陸上ワセダ」の基礎を築いた。織田幹雄《おだみきお》（商学部一年）が三段跳びで初めて日本に金メダルをもたらした第9回アムステルダムオリンピック（1928年）には、日本選手団総監督として出場した。まさかの優勝で、日章旗《にっしょうき》が準備されていなかったため、メインポールには「山本がたまたま持っていた特大日章旗が翻《ひるがえ》った」というエピソードもある。

バートは、このように早稲田はもとより日本の歴史にも大きな足跡を残した山本教授に直接講義を受けた。日米二世という宿命を背負ったバートを、山本教授はいつも支え、応援してくれた。山本教授がよくバートに以下のように話してくれた。「僕も若い時、アメリカに留学して大変アメリカ人にお世話になった。特にホームステイしていたその家庭ではまるで日本の自分の家のように振る舞っていたし、言葉に表すことのできないほど世話になった。だからアメリカ人のバート君、君に恩返しのつもりで、話をしているのだよ」と優しく微笑みながら話すのだった。

日米戦争は、最悪の泥沼状態にずるずると入って行くことが予想された。昭和17年4月18日、アメリカ軍が初めて日本本土空襲を行った。早稲田も戦況の変化に応じて頻繁に学部、学科の新設や統合、廃止、学部学科の再編などが繰り返されていた。早稲田史資料センターの資料によると、4月29日に戸塚《とつか》球場が戸塚道場と名称が変わり、6月3日、学部長、付属学校長会議、学生の礼は挙手で行うと定められた。また、6月27日に「興亜《こうあ》学生勤労報国隊壮行会」が挙行され、7月5日には「学徒錬成部開所式」が行われた。そしていよいよ早稲田大学報国隊（当初は義勇団と呼称）の発会式が挙行された。最早、天下の早稲田も戦争に巻き込まれ、学問の府は完全に日本軍の命令に則って行動をする下部組織と化し、反抗したり逆らうことは一切不可能だった。

バートは名取順一《なとりじゅんいち》教授にも入学時より指導を受けた。名取教授は山本忠興先生と同じく早稲田大学理工学部兼早稲田国際学院副院長をしていた。名取教授の授業の中で、特に忘れ難いものはは夏目漱石の「吾輩《わがはい》は猫である」を英文に翻訳することだった。当時バートにとっては最も苦手なゼミで、なかなか難解な日本語や独特な言い回しを英訳することが難しかった。定期的にそれを教授に提出して、ゼミの成績が付けられるのだった。名取教授の専門は、通信文演習（貿易英語、コレスポンデンス、英語および外国語、アメリカ文化論、名著研究など）であった。時節柄、名取教授の授業内容の内、英語や英語関連のゼミナールは所謂「敵性言語」でご法度《はっと》なので、声を殺して先生も学生も話すことを常とした。日米戦局が日増しに激化し、名取教授の英文ゼミナールは長くは継続せず、あたかも蜩《ひぐらし》のように短期間で閉講となった。ゼミ閉講の理由は、名取先生が召集され、外地に赴《おもむ》いたからだという噂が学生たちの間でささやかれた。

学徒出陣と赤紙召集

昭和18年9月、政府は、大学を含む高等教育機関に在籍する20歳を超える学生の徴兵猶予措置の撤廃を発令した。理工系学生を除く殆ど全ての学生が、徴兵の対象となったのである。翌月の10月15日、早稲田大学新聞は次のように伝えている。「『戸塚球場』において、早稲田学生五、八〇〇名の出陣壮行会が強行された。校門から堂門へ……今こそ学徒進撃の至上命令は下った……決戦場にまっしぐらに突撃する日が来たのだ」。

金子宏二先生（早稲田大学図書館早稲田大学第十四代総長奥島孝康、木村時夫監修39頁）の名文を引用すると、その緊迫感が伝わってくる。「万葉の古歌から、醜《しこ》の御《み》楯《たて》、防人《さきもり》、海ゆかば水漬《づ》く屍《かばね》などの言葉がひかれ人々の気持ちを高揚させるために使われた。学徒を送る側はペンを捨て銃を取れ、東亜の新秩序の為に征け、鬼畜米英を撃てなどと演説した」という。

同月21日、遂にあの忘れ難い雨の神宮外苑での出陣学徒壮行会があった。参加した学生は、東京、神奈川、埼玉、そして千葉の大学・専門学校在学の徴兵検査対象者だった。宮城前を行進した早稲田隊からは「都の西北」の歌声が流れ、降りしきる雨の中を隊列は進んで行った。この時の出陣学徒の人数だが、後日確認された報告によると、その総数四、四四三名である。しかし勿論これで全員ではない。幸か不幸か、早稲田学苑の混乱の中でも理工系学生は対象から外されていた。

神戸から上京し早稲田に入ってからのこの短期間での大激変は、もちろんバートたちの予測を遥かに超えていた。混乱した精神状態を整理する時間の余裕さえ見出せぬままだった。親からはぐれた子供が彷徨《さまよ》い歩くように、激変する社会情勢の中で後も先も見えない日々が続いた。

最後の早慶戦

昭和18年10月16日、戦時中における最後の早慶戦が戸塚球場で行われ、早稲田が10対1で慶応を大差をもって破る。試合後、球場は両校のエールの交換をし、両校の校歌斉唱、球場が一気に静寂となった。そして「海ゆかば」が球場全体に響き渡った。その後軍部により野球は中止、学徒動員制が発令され、全ての学生が徴兵の対象となった。21日、神宮外苑競技場にて学徒動員の出陣式が挙行され、多数の若き学生が予備兵として戦地に赴いた。日本はいよいよ戦争に全力を投じ、泥沼に足を取られる羽目となり、留まることなく悲劇の道を突き進むことになる。そしてその結果、多数の人命を失い、経済の壊滅的打撃を受け、大惨敗の犠牲を払うこととなった。早稲田では休講が増えた。戦時体勢の強化から教授も学生も登校が出来ず、殆んど授業にはならなかった。バートはこのような厳しい現実の中にいて、とにかく一旦神戸に戻り状況を見極める必要を感じるのだった。

昭和19年後半には度々神戸の上空にB29が飛来し、ビラを撒《ま》き、そこには日本の敗戦を告げる宣伝がなされていた。神戸市民が米空軍の宣伝ビラを拾い上げると、日本は戦争を終結して楽しい平和な生活ができるとのコピーがそこに鮮やかにデザインされていた。そのビラを官憲が慌てふためいて市民から取り上げていた。神戸市民は大規模な空襲や爆弾投下による膨大《ぼうだい》な被害や損傷を受けて、不安と危惧を抱きながら過ごした。枯渇《こかつ》する物資のため生活苦は極限に達していた。そのため心の中でひたすら終戦を願う市民も日増しに増加していった。無論それを表立って言う者はいなかったが。

ついに昭和20年8月15日、太平洋戦争（および第二次世界大戦）は終結を迎えた。日本全国民は文字通り廃墟の中で、呆然と立ちつくした。大戦の惨禍《さんか》をまともに受けたばかり。だがその時新しい時代への扉がそっと開かれたことに気付く者はまだいなかった。バートは昭和19年に繰り上げ卒業をして神戸に帰ってきていた。神戸は一面焼け野原と化し、見るも無残な街々の様相に、バートは悲嘆と悔しさで言葉が出なかった。数ヵ月後、神戸の自宅に軍政部の将校二人と軍曹一人が突如訪れ、バートはにわかにアメリカ人として米国軍政部の命により軍属として協力の要請をされた。

さて、このような大戦の中過ごした早稲田時代、青春時代は、バートにとって暗澹たるものだった。併せて日米双方の国籍を持つという宿命のために、それは一層、複雑な様相を呈したのである。しかしいつまでも、大海原に羅針盤を失った小船のように、彷徨しあてもなく港を探しているほど、バートは脆弱ではなかった。

およそ七十数年前の日米大戦、具体的には昭和16年12月8日、日本軍のハワイパールハーバー急襲から端を発し、昭和20年8月15日の終戦までの約四年数カ月、それと時期を重ねる母校早稲田時代を回想しても、バートには、青春の楽しい想い出は何一つ甦ってこない。ただ、山本教授や名取教授との出会いと対話は、目を閉じると青春時代のアルバムを見ているようで、七十数年前の早稲田がつい昨日の様に各々想起された。自分と全く同じ境遇の友人達の面影がちらつき、その殆んどが学徒動員として召集され第一線で名誉の戦死を遂げた。

第一線で戦った日本軍人が発した死の直前の最期の言葉は、軍内での階級を問わず「天皇陛下万歳」「お母さん」「おっかさーん」であり、彼らの信じる未来の勝利のため、あたら若き命を国家に捧げた。このことを歴史という堆積の中に決して埋没させてはならない。日本人として肝要なことは、こうした若い貴い命を捧げた学徒をはじめ、大戦で戦死した数多くの英霊が眠る靖国神社に、白い菊の花束を手向け心から参拝することだ。他のいかなる国から批判されても、日本人が堂々と弔うことこそ真の日本人たる所以《ゆえん》である。就中《なかんずく》、国家の首長たる総理大臣が参詣することに異論などあろう筈がない。躊躇《ちゅうちょ》することなく堂々と日本人として心から英霊を拝んで然るべきである。

話は前後するが、かつて神戸で講演した時の情景が甦ってきた。約一時間に亘るバートの特別講演が終わると、若い早稲田の在校生や校友会のOBを含め80数名の万雷の拍手はほどなくスタンディングオベーションに替わった。少年の様に紅潮したバートの顔は如何にも満足げに微笑を浮かべてステージを降りた。バートの生き様はまさに武士道精神に則った生き方であり、バートの心は、青春の辛苦を乗り越えて、現在に至るまで激しく燃え上がっている。心の拠り所を求め、彷徨い続けた青春。ビジネスマンとして活躍した戦後。そして老境に至ったバートの話と面影に、皆がバート在りし日を垣間見たひとときであった。

第5章　エスカレートする日米戦争の狭間《はざま》で

Jバート苦悩と煩悶《はんもん》時代

日増しに鬼畜米英を糾弾《きゅうだん》する日本国民

日米開戦後の国民生活は戦況の劣勢が進むにつれて生活必需品の不足が顕著となり、物不足の問題が一段と深刻化して日々の生活自体が破綻《はたん》目前となってきた。極端な物資難と驚異的なインフレーション経済の情勢は日本国民に耐え難い生活苦を強制した。貧困と飢餓《きが》のダブルパンチに見舞われながらも、全ての国民は歯をくいしばって耐えるだけだった。幼い子供達は栄養失調で体重が減り、血の気が少なく蒼白くやせ細り、ひときわ貧相に見えた。幸いバートの下宿先は旅館だったので食物に貧する事はなかった。

昭和18年には、政府政令による繊維産業や中小企業を対象とした軍需産業工場への転換命令がくだり、鉄鋼産業に極度に財貨が集中された。さらに国家総動員法に基づき、徴用《ちょうよう》の強化で、配置転換を余儀なくされる労働者が増えざるをえなかった。読売新聞『昭和時代』（第三部戦中期43回）の統計を引用すると、当時の状況がまざまざと甦る。すなわち政府の強制に依《よ》る結果、軍需中心だった金属機械工業の就業者数は、昭和15年の二八〇万人から昭和19年には五一〇万人に急増した。逆に、紡績業は一六〇万人から八〇万人に、商業は三六〇万人から一六〇万人に激減したと推定されている。生活必需品の生産力は著しく低下し、国の配給が半ばストップした。市民は配給不足を補うため行列買いや闇売りや農村への買い出しに走った。そのため著しい物価上昇で闇価格を考慮した小売物価指数は、１９３０年代半ばから１９４５年まで七倍に上昇した。

昭和18年10月から列車は貨物優先となり、一般人の乗車は大幅に制限された。翌年特急列車、寝台車はほぼ全廃された。こうした戦時体制の激流の中で、流れにあらがうことの出来ない個人は、国民総動員・総参戦に否が応でも組み込まれるという状態だった。国民はどちらの方に向かって踠《もが》いても、悪い方向に進むしか道を見いだせなかった。

東京から外国人が消えた怖い日

昭和16年12月8日、日米開戦を皮切りに従来なら特に人通りの多い東京の銀座、新宿などの街からあっという間に外国人の姿が見えなくなった。特に外国人居住者の好む赤坂、六本木、青山、麻布などの平常賑わう街々は、恰《あたか》も死の街のように静かで、昼間でも外国人の往来はきわめて少なくなった。戦争が熾烈化し、日を追う毎に日本軍の劣勢が巷《ちまた》で噂されるに及んで、外国大使館の指令で母国に帰国する家族は一段と多くなった。東京は元より日本列島隅々にいたるまで「鬼畜米英」のスローガンを、色々なところで目にし、耳にすることが多くなった。銀座のデパートでも「贅沢《ぜいたく》は敵だ」の大看板が立てられた。何かあったときの必需品である非常食がよく売れた。外国人の主食である高級パンやバターなど、どこを探し求めてもその影さえ見い出せないような状況だ。外国人が減るのも無理はなかった。

戦争末期の早稲田学苑《がくえん》

昭和19年7月、サイパン島で日本軍守備部隊が玉砕《ぎょくさい》し敗色が濃厚となるなか、日本軍は生還を全く期待しない十死零生《じゅっしれいしょう》に則る特攻たる独自の戦闘手段を開発したのだった。戦局を逆転し、優位に挽回《ばんかい》するため特攻兵器として海軍軍令部が採用し試作命令が下された。(読売新聞2014・2・15　第18回参考引用)

10月には米軍がフィリピンレイテ島に迫った。本土と南方の資源地帯を失えば日本は完全に立ち枯れすることが明白だった。かくて、史上最大の海戦と言われた日米両艦隊が激突したレイテ沖海戦の火蓋《ひぶた》が切って落とされた。あのあまりにも著名な神風《かみかぜ》特攻隊《とっこうたい》の出陣となり、米軍も「カミカゼ」と呼んでそれを恐れた。ゼロ戦をはじめ様々な機体が使用された。航空特攻は、陸海合わせて終戦までに約四千人に及ぶ戦死者をだした。

一方、早稲田学苑内も激変した。軍司令部の指令に則り、さまざまな変更、移動、廃止、移転などを余儀なくされた。昭和18年10月21日の「出陣学徒壮行会」が明治神宮外苑競技場で開催された。その頃から、学生は皆、制服制帽に脚絆《きゃはん》、銃、剣などを身につけ、学園でも一部の学生に銃と帯剣《たいけん》を交付された。この天下の早稲田での現実を想像しただけでも、当時の戦況がいかに凄かったかが想像出来る。さらに追い打ちをかけるように10月の閣議では「教育に関する戦時非常措置方策」という、私立大学存亡の危機とも言える決定がなされた。（『早稲田大学小史』（第三版）島善高《しまよしたか》教授137ページ引用）つまり、高等教育を徹底し理工系中心による再編成で、商科大学を産業経営に主眼として刷新し、文系大学の定員を三分の一程度に縮小し、更に学部の変更などもそこに加えられた。

B29東京大空襲で火の海

昭和19年7月、サイパン島玉砕で日本本土は、完全にB29米爆撃機の空爆の範囲内に入った。11月1日から東京上空に姿を現したB29は、11月24日八十五機の編隊を組んで東京上空に襲来した。軍事産業をターゲットに絞り込んだ米軍は中島飛行機武蔵《むさし》製作所を爆撃したが、これは日本本土への本格的な空爆の序章にしか過ぎなかった。

信頼出来る記録によれば、この時以来東京空爆は約百回におよび、中でも昭和20年3月10日は史上最大の被害者を出し、一般に「東京大空襲」はこの日の空爆を指すことが多い。空爆は午前0時8分に始まり、二百七十九機のB29は二時間半の間に一、六六五屯《とん》という大量の油《ゆ》脂《し》焼《しょう》夷《い》弾《だん》を東京下町に集中的に投下した。爆撃された下町地域には主要な軍施設や軍需工場なども殆ど無い。民家や市場、東京駅、上野駅などがターゲットとされた。折しも冬型の気圧配置で、強風が吹いて火災は瞬く間に広がり、死者八万三、七九三人、負傷者四万九一八人、被害者百万八、〇〇五人。多数の行方不明者・死者の合計は十万人以上と推定された。

時同じくして早稲田キャンパスの罹災《りさい》も頻度《ひんど》を増し、学苑でも特設防護団を組織して学内の重要書類、物件、図書類等の疎開などをし、万一の事態に備えた。学生の大半は、召集と勤労動員に駆り出され、留守を守るのは教職員が主体となって行われた。（註『早稲田大学小史』島善高 199ページ引用）この戦争の期間中、応召による戦死や戦病死、米軍による無差別爆撃などで戦災死した校友、学生も多数に上り、その校友と学生の合計数は四、五〇〇人以上であった。また、『早稲田大学１２５話』（丸尾正美―本庄早稲田校図書室 43ページ）によれば更に被災の現実が明確となる。大戦は、早稲田にも大きな傷痕《きずあと》を残した。

敗戦色濃厚な昭和20年5月25日の夜から26日にかけて米軍B29部隊は、山の手地区の爆撃を敢行した。これは前述の3月下町空爆に次ぐ大規模なもので、早稲田周辺は一面火の海となり、戸山ヶ原《とやまがはら》、穴八幡《あなはちまん》からの火は鶴巻町一帯を焼き尽くした。その時の様子は目撃者によると「グランド坂上から道幅一杯に火の粉が矢のように流れ、氾濫した火の川のように絶え間なく吹き下ろしてきた」というすさまじさだった。早稲田教職員からなる特設防護団の必死の消火も虚しく、大学は全建物の三分の一以上、九千坪あまりを消失した。被害総額は算定し難いが、一説には当時の貨幣価値で六千万円以上にもおよんだと云われている。大隈会館、恩師記念館、理工学研究所、演劇博物館屋根全焼、その他高等学院、専門部工科、商学部校舎半焼などの大被害に直面した。かくて、一夜にして早稲田学苑はその様相を変え明治、大正の面影を失ってしまった。こうした悲惨な戦禍の中、バートは、運命の女神の差配によるものか、昭和19年の政令によって大学の繰り上げ卒業の対象となり、この早稲田学苑の空爆には遭遇しなかったのである。

第6章　戦争末期の極限状態の中で

Jバートのサムライ魂時代

早稲田マンのサムライ魂発揮

バートがかつて通った神戸の小学校は、典型的な英国教育を基本としたミッションスクールで、少年時代から敬虔《けいけん》なカソリックのプログラムに則り勉強した。彼はハイスクールまで神戸の地元で教育を受けた。人格を形成する最も重要な時期を全てミッションスクールで過ごしたのだった。諍《いさか》いや争いごとなどを好まない、素直で温和な青年へと成長することを両親は願っていた。物事への猜疑心《さいぎしん》や友人・知人に対する侮《ぶ》蔑《べつ》、敵愾心《てきがいしん》などを心の奥底にさえ微塵《みじん》も抱かない人間なることを己のモットーとしていた。戦前からスポーツに情熱を注いでいた。最初彼を虜《とりこ》にしたのはサッカーであった。

真夏の太陽がギラギラと街中を直射し、歩くのさえ気《け》だるいある日の午後、バートは珍しく練習を早めに終え帰宅すると、母今日は一枚の写真を見ていた。亡き父親の写真だった。母はバートを奥の座敷に招き入れ、凛とした口調で「ジュリアン、あなたは日本人の母やそのまた祖先の血を受け継いでいるのよ。もっと日本の歴史や文化、習慣などをしっかり勉強しなさい」と言った。バートはその後大人に成長した時も、少年から青年になりつつあったあの頃の自分に、母はその時何を教えようとしたのか、考えるのだった。戦争の混乱の中で、日本の現況を客観的に熟慮《じゅくりょ》したとき、あのハイスクール時代の暑い夏の日の母の教えが蘇ってきた。祖国や先祖に誇りを持てない脆弱な精神では、一生涯、人の上には立てないことを母は戒《いまし》めていたのだと気付いたのだった。それを機に、彼は日本人としての自覚を殊更《ことさら》強く持ち始めた。母の教えを遵《じゅん》守《しゅ》して日本の歴史や文化、文学等に関する本を購入しては精読する毎日だった。

敗戦色が日一日と濃くなっても、バートは日本人としてのプライドと自信を失わなかった。かつてのアメリカ志向の性格を自ら方向転換し、母の教育方針を守り貫く決意をするのだった。憧《あこが》れの早稲田に入ったのだから、早稲田人として思索し行動することをモットーにした。すると限りない自信が心の底から沸き上がってくるのだった。従来の様に日本人の偏見や差別など一向に気にしないようになった。それほどバートの精神力は強靱になったのだ。母がバートに強く説いた「日本人たる誇りを持て」という教えと教訓は、バートの日本人としてのプライドや自信の根幹となった。大戦末期に受けた数多くの逆境によってバートは、青春期における人間形成の仕上げの段階に入った。そこには母の言葉が強く影響を与えていた。

大戦前の神戸時代に母の導きで、日本人としての知識や教養を身につけた。文学書を読み耽《ふけ》る夜も多かった。特に早稲田出身の作家の著書や早稲田に関係する資料などを取り寄せては読み漁《あさ》った。折しも多感な青年期に移行する時期だったので、読書による人生観形成への影響は頗《すこぶ》る多大で、バートの人格形成は真にこの時期にその基礎を形作られたのだ。バートの日本魂・早稲田精神は、大戦末期の混乱の中で、様々な場面において力強く発揮されるのだった。早稲田に入った時から、バートは先輩や教授から受け継いだ早稲田マンとして考え方や行動があった。それは、いつの時代も早稲田人に脈々《みゃくみゃく》と継承され伝統となって、強靭《きょうじん》な早稲田マンを世に送り出し、彼らが活躍している根源となる大きな「魂」である。以来、バートの人格は神戸時代とはまるで変わり、早稲田魂を身につけ、根底から早稲田マンとしての自信を持つのだった。

祖国日本を愛し、そして戦う

神戸のミッションスクール時代には、母今日の厳しい教示と教訓を心の底から受け止め学ぶにはバートはまだ若かったし、その時代環境でもなかった。だが戦争が起こり祖国の危機が訪れると、バートの日本人としての自覚とプライドは、日増しに増進し、それが日々の思考や行動に強い影響を与えるのだった。

新聞やラジオから伝えられる前線からの戦況情報は非常に少なく、米空軍や連合軍の空爆のニュースだけが報道されるのだった。多くの日本国民が、貧困、飢餓、恐怖によって疲労困憊にまで追いつめられ、まさに言語に絶する状態だった。大本営発表はメディアを通じての情報操作であり、国民の誰もがその信憑性《しんぴょうせい》に疑念を抱き、巷に喧伝される本土決戦の文字が空しく感じられた。敗戦後の悲惨な恐怖を煽るデマ・噂もしきりと流れてきた。いよいよ戦争は終局へと近づいていることは誰の目にも明らかであった。日本を遥かに上回る戦力を誇る米軍の本土上陸の噂に多くの人々が恐怖しながらも、死の覚悟と決意を固める段階にすでに来ていた。バートは戦いの決意を改めて固め、その心の準備を母にも伝達していたのだった。

Jバートは早稲田のサムライだった

第十四代奥島孝康総長は、伝統に則り継承されている「早稲田精神とは何か」を以下のように解釈し詳述している。奥島総長の曰く「早稲田精神とは校歌都の西北の一節にいう進取の精神、学の独立、現世を忘れぬ久遠《くおん》の理想であり、早稲田精神の最大公約数と考えることを許されてよいであろう。そうだとすると、これはもはや大隈重信や小野梓《おのあずさ》の生き方そのものである」と。早稲田に入り時間の差こそあれ、少なくとも早稲田をこよなく愛し敬う者の根底に流れている精神こそたとえ大なり小なりの差異があるにせよ、あの強靭な反骨精神、在野精神、進取の精神、開拓者精神等の言葉によって表わされ、脈々と今に継承されている心のあり方なのである。

さらに、奥島総長曰く、「事実、尾崎士郎はその著『人生劇場』の主人公『青成瓢吉《あおなりひょうきち》』の生きざまに早稲田精神の体現者をダブらせており、最近では、五木寛之《いつきひろゆき》がその著『青春の門』の主人公『伊吹信介《いぶきしんすけ》』の生き方に早稲田精神のあり方を模索《もさく》している」と。

早稲田出身者がどのような分野を志向し、そこに生きようとも、またどんなに出世し、どんなに凋落《ちょうらく》しようとも、早稲田という名の青春の門で学び過ごした者の共通点は、独立不羈《どくりつふき》の強靱な精神なのである。奥島総長の強調される早稲田精神の解釈と定義は、早稲田校友の全員が多かれ少なかれ理想とする早稲田人のイメージである。それはかつて同じ校歌を歌い、同じ学舎で学んだ者達が共有する母校との約束事でもあるのだ。総長曰《いわ》く、「さしあたり、早稲田という『青春の門』をくぐった者に待ち受けている『人生劇場』という『ルツボ』の中でもまれ、鍛えられ、磨き上げられた者が自ずと身に付けた精神の思想、生き方であり、ワセダというフォーラムで青春の一時期を刻んだ者だけが体験する『カオス』から早稲田精神は生まれ、早稲田精神は世界へ向かって羽ばたくのであろう。『停滞は死滅である―大隈重信』の名言通り早稲田の伝統と歴史を築き育むのも所謂《いわゆる》早稲田に関係する一連の者たちの使命なのだ」と。

バートは、神戸のハイスクール時代の後半期に以下のことをつくづく思った。母自身が受けた日本の伝統的な家庭教育を理解し習得した礎が、母から自分に家庭教育あるいはDNAを通して受け継がれたのだ、と。神戸セントジョーンズからの大学進学は、母の薦める東京の大学、早稲田と決まった。英国留学を諦《あきら》め手続きを放棄したのも、母子二人の生活と軍事体制下の物資難、住居難と国民全体の貧困と生活苦のためだということをバートは否応《いやおう》なしに知り尽くしていた。

第7章　終戦と玉音《ぎょくおん》放送

Ｊバート終戦期

断末魔の終戦惨事と神戸空襲

　敗戦色が一段と濃厚となり、バートの東京生活は完全に孤立を余儀なくされ、精神的にも経済的にも極限に達した。ようやく手に入れた切符を手に東京神戸間の特別夜行列車に飛び乗り、何とか三宮駅に辿り着いた。昭和18年10月の「最後の早慶戦」を観ることもできなかった。今でもバートの胸中に昨日のようにまざまざとその思い出が甦ってくる。母子は神戸中山手町に転居した。国民の誰もが終戦間際に生きるための策だけを各々の立場で講《こう》じる毎日であった様に、バート母子も必死に考えた。いつ空襲されるか分からない。そして考えた結果、母の知人宅が六甲山の丁度《ちょうど》中腹《ちゅうふく》にあるので、家財道具をはじめバートが一人で生活できる最低限の食器や食料を残し、夜のうちに母がまず転居したのだった。

戦時下の世相と神戸空襲と題した君本昌久《きみもとまさひさ》先生のドキュメンタリー記録によると実に生々しく的確に記述されているので以下に引用してみる。「昭和20年、この年は、正月から元旦もなく、連日B29の空襲に脅《おびや》かされ、毎夜灯火管制の暗い明りの下で、ゲートルやモンペ姿のまま寝付く日が続いた。やがて、本土決戦、一億玉砕を当然のものとして、国民義勇兵役法《こくみんぎゆうへいえきほう》（6月11日）が成立し、老幼婦女子までタスキに鉢巻《はちま》きで、竹槍《たけやり》の訓練を受けることになった。1月19日、B29（六十三機）明石《あかし》の川崎航空機明石工場を爆撃。周辺地域に被害及び死者三四七人」。現実の被害や状況が手に取るように明確に記録され、一言一句を吟味しても胸の痛くなる思いを禁じ得ない。更に3月に入ると、あの忌《い》まわしい3月10日の東京大空襲。死者十万人を数えた。続いて、12日名古屋、13日大阪と、焼夷弾《しょういだん》によるB29の夜間大空襲が繰り返された。

3月17日、B29（六十九機）、神戸大空襲。

兵庫、新開地を中心に神戸の西半分が焼失した。

死者二、五九八人。被害者二三〇、〇〇〇人。

4月1日、米軍、沖縄本島へ上陸。沖縄戦はじまる。

そして戦後史上余りにも有名な神戸大空襲は、6月5日、B29（三五十機）来襲、東灘《ひがしなだ》から葺合《ふきあい》にかけた神戸の東半分と須磨《すま》地区が焼失した。死者三、四五三人

6月23日、沖縄全滅。日本軍玉砕。ひめゆり女子学徒隊はじめ非戦闘員であった住民も命を奪われた。死者、軍人九四、〇〇〇人だったのに対し、住民一五〇、〇〇〇人。

8月6日　広島に原子爆弾投下。

8月9日　長崎に原子爆弾投下。

8月15日　天皇陛下「終戦」の詔勅《しょうちょく》放送。

ポツダム宣言受諾《じゅだく》、日本無条件降伏。

「神戸大空襲―神戸空襲を記録する会編」

（2005年12月8日発行、神戸新聞総合出版センター）

バートは6月5日の神戸大空襲を神戸山手で経験した。父の写真と最低限の貴重品をリュックサックに入れて、町内の防空壕はすでに近隣の人たちで満員だったので、バートは焼夷弾の降りそそぐ中、取りあえず山の方に逃げた。夕方爆撃が解除になったので自宅に戻ったが家は焼けてしまっていた。空爆による火災で神戸市内は焼け野

原と化した。

焼け跡で近所の人たちと命拾いを喜び合った。不幸中の幸いだったのは、前もって六甲の山の中にすでに疎開《そかい》していた母が辛うじてこの空襲に会わなくて済んだことだ。

神戸の街は跡かたもなく焼け野原となり焦げ臭く、所々でまだ火の粉《こ》が風に吹かれて強烈な勢いで舞い上がっていた。3月の神戸空襲では何も被害はなかった。だがそれも束の間《つかのま》、6月の空襲で影も形もなく焼き尽くされていた。ともあれ六甲の母の元に帰ることだけを優先しようと思った。自転車もすべて焼失したので六甲を目指した。神戸の市街を通り廃墟の町並みを見るだけでも苦痛だった。まさに生き地獄のごとき言語に絶する凄惨な戦争の現実を目の当りに体験したのだった。辺りは異様な臭いが充満し、街ゆく人たちは真っ黒な顔で悲痛な声を出しながら往来を行き交うのだった。

母と今日陛下の玉音放送を聞き終戦を知る

3月と6月の二度に亘る神戸大空襲の被害を蒙った現実から、日米開戦から数年を経た今、戦局が劣勢にある事実をまざまざと多くの市民は悟った。もはや連合軍を打ち破り逆転して戦勝国になり得るという幻想を抱いている楽観者は少なくなった。職場でも学校でも、日本の戦勝を信じる者は減ってきた。メディアが流し続ける威勢の良い話とは裏腹に、日本の命運は、風前の灯火とも言えるような状況であった。

こうした状況から母今日とバートは、中山手から山本通りに住居を移転した。借りた家はバートの友人の所有する洋館だった。

切迫した戦況の中で、人々は巷の噂を聞いては他人にそれを喧伝するようになった。戦争終結が近いという話は大勢を占めるようになってきた。8月6日、9日に広島、長崎に原子爆弾が投下されてから、国民の恐怖と戦争への嫌悪は日増しにエスカレートした。不穏な空気が日本国内に流れ、敗戦の噂と米軍の本土上陸の情報が交差し、国民心情は混乱を招いていた。ラジオを通し、本日正午に重大な発表があるという話は、全国津々浦々に至るまで電光石火の如く駆け巡った。国民の多くが不安そうにその時を待った。正午近くになったので母とバートは無言でラジオの側に寄り、今か今かと重大発表を待ち焦《こ》がれていた。丁度正午に国歌君が代の奏楽《そうがく》に始まり、陛下の玉音が流れた。ラジオ放送は極めて聞き難かった。だがこの放送によって終戦が告げられた。終戦宣言は、国民一人一人による理解認識は異なっても、結局日本は敗戦国としてのレッテルを貼られたことは紛《まぎ》れもない事実だった。母はまんじりともせずラジオから流れる陛下の玉音に耳を傾けた。はらはらと大粒の涙を流しながらバートの顔を見て一言「ジュリアン、これで日米戦争は終わったのね」と言った。複雑で悲喜《ひき》交々《こもごも》の意がありありと解《わか》った。過去昭和16年12月8日の日本軍のハワイ真珠湾急襲による日米開戦以来この20年8月15日に至るまで、バート母子は言語に絶するほどの苦悩や悲痛を味わい尽くしてきたのである。

母とバートの親子に取りこの日米終戦は何を意味するのだろうか？　また敗戦国日本はどんな国家に変わっていくのだろうか？　不安と危惧は、日本人の抱くそれとは少し事情が異なっていた。焼け野原の神戸は何をどうしてよいのやら混乱の坩堝《るつぼ》と化し、市民が街中を右往左往している姿が朝な夕なひときわ著しくなっていた。

8月30日、午後2時5分、ダグラス マッカーサー元帥厚木《あつぎ》飛行場着のニュースがラジオを通し全国に流された。いよいよ戦勝国アメリカを中心とした連合軍の日本接収《せっしゅう》が始まり、神戸に米国軍政部が設置された。日本は敗戦国なのでアメリカ軍の言いなりにならなくてはならない、もしかしたら植民地になってしまうのか。そんな心配を抱いて、バートは不安な面持ちで神戸の荒廃した街を眺めるのだった。その時はまだ、バートにとり、また予想もしていなかった運命が待っていることなど知る由もなかった。

故郷神戸は廃墟《はいきょ》の街で真っ暗闇だった

神戸大空襲に関して、当時の貴重な記録「神戸空襲の概要」によると、計画的・段階的に攻撃されたことが明白であった。神戸文書館HP（佐々木和子氏作成）から引用してみると、第一段階（１９４４年11月下旬～１９４５年3月上旬）は、日本本土への主要爆撃二十回の内十六回は、航空機工場、特に航空機エンジン工場は、通常爆弾による精密爆弾（Precision Bombing 軍事目標をピンポイント攻撃）であった。また、「戦術的実験」として東京、名古屋、神戸都市工業地域に対し焼夷弾による地域爆撃（Area Bombing 市街地域を面としての攻撃）が行われた。第二段階は、精密目標への高高度昼間編隊爆撃法だけでなく、都市工業地域に対する低高度夜間焼夷弾攻撃および中高度昼間攻撃法も併用することになった。更に、神戸は3月、6月の二回攻撃を受け地域爆撃の対象となった。また、地域爆撃と併行して、精密目標への高高度昼間編隊爆撃が行われた。兵庫県内には川崎航空機（現川崎重工業）、川西《かわにし》航空機（現新明和《しんめいわ》工業）が存在しこれらの各工場が精密爆撃の対象となった。

米空軍の戦略的空爆は、戦略のスペシャリストの間ではつとに知られているが、戦略的観点から段階的に精密な航空写真を撮《と》り、地域ターゲットの設定から攻撃の時間、所要タイムに至るまで計算された攻撃を実施していた。現実に一般神戸市民の被災者の一人、神戸空襲を記録する会の代表中田政子《なかたまさこ》先生の記録書（「神戸大空襲について」）より微細な空爆の中味が生々しく表現された箇所を一部引用してみたい。「終戦の8月15日までに現神戸市地域には幾度《いくど》となく空爆がありました。そのうち特に被害が大きかったのが、3月17日の夜間焼夷弾空襲、現東灘区の川西航空機を襲った5月11日の爆撃と、野坂昭如《のさかあきゆき》氏の小説『火垂《ほた》るの墓』にも出てくる6月5日の焼夷弾空襲と言われています。神戸大空襲で街中を焼け野原と化した空爆は一般的に6月5日の大規模空爆だったとあらゆる記録書にも明記されています」。

中田政子代表に平成26年3月神戸市にてインタビューする機会を得た。直接話を伺いその折に拝借した記録書によると6月5日の神戸大空襲は以下の通りであったという。「6月5日は、午前7時過ぎにB29が四百七十四機来襲し、三、〇〇〇トンの焼夷弾を投下しました。3月の空襲で焼け残っていた今の中央区の大部分と灘区、東灘区や須磨区の一部分が猛焔《もうえん》に包まれ、神戸市全域が焼け野原となってしまいました。（中略）混乱の時代で犠牲者の正確な数字も未だにわかりませんが、1950年に兵庫県土木計画課が発行した「復興誌」によりますと、神戸市全体の空襲による死亡者は七、四二三人とされています。1971年9月に戦後二十五年を経過して市民集より、忌まわしい体験を記録し後世に伝えようと、「神戸空襲を記録する会」が発足し翌年3月17日兵庫区の薬仙寺《やくせんじ》で空爆による犠牲者の慰霊祭が執り行われた。記録する会の限りなき努力の甲斐あって、2013年神戸市大倉山公園に「神戸空襲を忘れないーいのちと平和の碑ー」が建てられた。その後米空軍の本土空爆は、ますますエスカレートされ5月3日から神戸沖には、機雷投下が始まり、さらに、7月24日には神戸市の川崎車両、三菱重工業、国有鉄道工場に模擬爆弾が投下された。「原爆投下の訓練として、爆薬が装塡《そうてん》されたプルトニゥム型原爆（長崎型原爆）と同重量同型のパンプキン爆弾の目標となったのである」（神戸空襲の概要ー佐々木和子作成引用）

バートは母と6月5日の神戸大空襲の渦中に離れ離れになるのではないかと心配し

た。バートは急遽六甲の山中にある知人宅に身を寄せていた母に会いに行った。

不安と危惧の毎日で食糧難の飢餓直面

六月五日、バートは焼け野原の神戸市街を跨《また》ぎ、母のいる六甲の知人宅に夜遅く辿り着いた。市街は全て停電で、戦時中の異様な雰囲気の暗闇の中を歩き、ようやく目的地に到着した。母今日に会ったのも久方ぶりであった。六甲山中腹にある一軒家なので、周りは生え茂った雑木林と栗の木や欅《けやき》の木が林立していた。麦飯《むぎめし》に甘藷《かんしょ》の夕餉《ゆうげ》で田舎の農家でしか食べられないような久しぶりのご馳走を満喫《まんきつ》した。母や知人宅の人々は心配げに、神戸の大空襲の様子や被害の状況をバートに尋ねた。そしてバートの説明を詳しく聞いて嘆き頷《うなず》くのだった。

バートが戦争で生き残ったのは全く幸運としか表現できない。母と一晩中今後の生活について話し合っても、その答えを見つけることは困難であった。全く五里霧中の窮乏生活が続く中、食糧獲得こそが生命を繋《つな》ぐ方法であり、それだけが日本国中万人の共通の関心であったと言っても過言ではない。母の三重関の実家にも現状のままでは連絡することは不可能だった。唯一の通信手段である手紙による連絡も全く不可能な状況だった。

第8章　敗戦・占領軍神戸駐留

Jバート敗戦で日米両国の狭間時代

米軍政部、県庁接収

米空軍の広島、長崎への有史上初の原爆投下により、世界は核戦争への恐怖を共有する時代へと突入した。被爆国となった日本の美しい二つの都市が短期間で壊滅した。実に怖ろしいこの大量破壊兵器の誕生は、世界規模のいわゆる「核兵器時代」の到来だった。国家間の平和は、核兵器の出現以降、核の抑止力という極めて脆弱で危うい力関係の上に成り立つようになった。後に冷戦構造の中で、人類を何度も殺戮《さつりく》し尽くす核を各国が開発した。日本政府は昭和20年8月14日、ポツダム宣言を受諾し、最終的に昭和天皇の聖断により戦争終結となった。8月15日の玉音放送により日本国民はようやく日米戦争の終局を実感することになった。多大な人的・物質的被害を蒙り、物資や食料、生活必需品の不足にも堪え忍んできた国民の前には、戦後も引き続き、大きな苦難と混乱が待ちかまえていた。

ほどなく神戸に米軍政部が来て、県庁ビルを接収し、そこに星条旗《せいじょうき》が風に靡《なび》いた。その光景はあたかも敗戦を象徴するかのようだった。今までの神戸とは全く異なる重苦しい雰囲気が街を領した。接収された県庁では米軍政司令部が最高指揮権を行使し、初代司令官トップには軍の大佐が着任した。

母今日とバートは山本通りの家で、二人で支え合うように暮らしていた。巷の噂では、米軍33師団占領隊が和歌山に上陸。神戸にも来ると発表があった事から若い娘達が米兵を警戒して神戸から離れた事もあったらしい。

6月の大空襲で焼け野原になった市街は、相も変わらず悲惨な姿を晒していたが、8月15日の終戦以後、焼け野原にバラック建ての住居が列をなして造られていた。また、いわゆる闇市場とよばれる店舗が多数出店して、物資難ではあるが、田舎から直接売りにくるような店舗も数多くあった。しかし陳列される商品の品数はとても少なくて、商店の体をなしていなかった。戦時中に極限の飢餓と物資難を長期にわたり強制された国民はまず食料の確保を急いだ。彼らは荒れ果てた休眠田畑を耕作させ、米や野菜の栽培《さいばい》を再開した。自給自足への第一歩であり、休耕地を復活させ、土地を肥《ひ》沃《よく》させることに懸命になった。闇市場はさらに活気づき、物々交換もよく行われた。売り手も買い手も競って参入し、市民は食糧難をなんとかして乗り切ろうと必死であった。米軍の進駐軍からは粉ミルク、缶詰、パン、チョコレートなど豊富な一連の配給物が学校などを通じ人々に配られた。終戦直後の神戸も他所の都市同様、混沌として、アメリカ兵ばかりが目立ち、街中を彼らのジープが疾走《しっそう》し、朝な夕な兵隊の立ち動く姿だけが、ことさら人々の目には焼き付くのだった。

激しい空爆により廃墟と化した神戸市街は、まさに焼け野原であった。空しく残るビルの残骸《ざんがい》は、その言語に絶する凄まじさを物語っていた。戦中・戦後、日本国民の払った様々な犠牲は、有史来希《まれ》に見る禍根《かこん》として、くっきりとした傷跡を国土と人心に刻む結果となった。極度の食糧難と貧困は、もちろんバート家にも訪れた。時折、母今日の三重の実家に依頼して、米、麦、雑穀《ざっこく》などを神戸まで親戚の者が運んでくれた。幸いにして母の実家は大きく、百姓もしていた。そのお陰で、敷地の裏側にある倉庫の中には、保存食として緊急用に多量のサツマイモをストックしていた。その様なわけで主食は粥《かゆ》と芋《いも》だったが、生き延びるための命綱と言ってもよかった。母の奮闘努力によって、芋料理の数々が連日食卓を飾っていた。

バートは今や定職も無く、早稲田を繰り上げ卒業したものの、仕事どころか毎日の生活に精一杯だった。社会全体が混乱し、国家秩序が破壊された結果、国家の機能も地方行政も滞り、職にありつくどころか、毎日その日に喰《く》うものを手に入れるのがやっとだった。来る日も来る日もバートを失望させるのは、戦時中にはあれほど勇猛だった日本国民が、敗戦によって抜け殻のようになった姿だった。勇気を喪失し、まさに暗闇を彷徨する旅人のように、未来への一条の光明さえ失った毎日は、どん底生活の連続だった。空爆で家を失って住むところが無い市民や、両親や兄弟を突然に失った多くの孤児達は、街々に放り出され巷に屯《とん》することを余儀なくされた。着の身着のままで帰るところも無く、多くの市民は絶望の剣が峰に立たされていた。バート親子二人の生活も、厳しい環境から容易に脱出できる見通しの無い状態になっていた。

早朝から夥《おびただ》しい雲に覆《おお》われた空からほどなく冷たい秋雨《あきさめ》が降り出した。汚れきった街々や無残に取り残された街路樹を洗うように、悲嘆にくれた恨《うら》みの雨の如く、人々の上に降りしきった。

容貌は歴としたアメリカ人、心は日本人

先述したように、バートは昭和2年芦屋市三条に生まれた。日米両国の国際結婚が華々しく成就し、活況のあるロマンチックな港町神戸の麗《うるわ》しいカップルから彼が誕生した。赤ちゃんの時から誰の目にも明白なことは、父ジュリアン バート似の息子の容貌《ようぼう》は、父親のＤＮＡを色濃く受け継いでいるということだ。母今日の実家、三重の伊勢関から親戚一同が第一子誕生祝いに駆けつけた。子供部屋のベッドにすやすやと眠っているジュリアン二世の顔を皆が覗《のぞ》くや否《いな》や、まさに異口同音にあたかも会議で満場一致の賛同を得たように大きな声で「パパ、そっくりだね！」と、声を合わせたように、それぞれが笑顔で話すのだった。

父ジュリアンはまるで定期便のようにオフィスから真っ直ぐ帰宅し、ベッドから赤ちゃんを抱き上げ頬《ほお》ずりするのであった。母はジュニアの将来のことを考えて、当初から父ジュリアンとは英語で日常の会話をし、息子ジュニアとはできるだけ日本語で話すことを心がけて接していた。他の家庭とは異なり、家の中で英語と日本語の飛び交う毎日だった。

日米決戦で敵国同士となった父の祖国アメリカと母の祖国日本との狭間に立つ自分の存在を意識しては、難しい立場にある自分の身の処し方についての困惑と混乱に悩まされるのだった。その後、戦勝国たる大国アメリカの、鬼まで怖がる米軍政部の召集を受けることになるバートだが、その時はまだ身辺に大きな変化は無かった。父親譲りの欧米人風の容貌が、まさか自分の運命に大転機を与えようとは思わなかった。容貌は完璧にアメリカ人だが、心は日本人、そしてサムライであったのである。幼い頃からの母の薫陶《くんとう》による日本人としての精神や気概は、いつもバートを導く見えない手として、それまでも、そしてそれからも、人生行路の選択に大きな影響を及ぼすことになるのであった。

港町神戸は、第二次世界大戦前から、国際港として世界的にも知れわたった著名な貿易港でもあり、外国人も多く活気があり、いつも賑《にぎ》わっていた。日米大戦後、戦勝国であるアメリカ軍の接収により神戸市中心部の主要なビルが米軍政部に接収され、市街の環境は一変した。バート自身は東京から神戸に帰った途端、全市を焼きつくす大空爆を蒙《こうむ》り、街中が廃墟になるという惨状をこの目で見る体験をした。そのため、それからというもの、少々の身辺トラブルや争いごとには驚かなかった。肝がすわったのである。

Ｊバートは日本のサムライでござる

早稲田時代に短期間ではあったが、バートには親密な友人として記憶に残る英国人（日英三世）の男がいた。彼は先祖があの著名な正宗の名刀で名を馳《は》せた一族であった。バートもまた母方の旧《ふる》き家系の歴史を訪ねると、旧家佐藤一族の末裔として続いてきた母の三重の実家がある。実家は当時でもその古き面影《おもかげ》が偲《しの》ばれ、時の流れの早さから取り残されたように旧家然とした佇まいを見せていた。英国人の彼もまた日本文化や歴史には広い知識を持ち、実に綺麗で流暢《りゅうちょう》な日本語でバートに語りかけるのだった。

英国人の友人には失礼ながら正式の名前を失念して甦ってこないので、今は仮にＭ・ジェームスと一時的に名付けようと思う。Ｍ・ジェームスは、日本の武道や茶道、華道にも特別の関心を持ち造詣《ぞうけい》も深かった。バートは彼と家庭環境が酷似《こくじ》しているので、より一層の親しみを持ち早稲田では日本語と英語のチャンポンでよく話をした。

昭和17年は日米開戦二年目の年であった。バートは、母の方針で、学問の習得には小中学校は英国系ミッションスクールを選び、ハイスクールはアメリカ系ミッションスクールで学んだ。また、学校だけでなく、週二回家庭教師に日本語を指導してもらっていた。ハイスクールではスペイン語を習得したかったが、授業がなかったので、その代わりにフランス語を学んだ。

そのため日本文化や歴史については、早稲田に入ってからの方が俄然《がぜん》興味が増したし、勉学の環境も整ったのであった。武芸百般に関する書籍、宮本武蔵の伝記、それから新渡戸稲造《にとべいなぞう》の『武士道《ぶしどう》』などを読み耽《ふけ》った。そんな折、正宗《まさむね》の名刀の話をM・ジェームスから聴いた。古来の刀鍛冶《かたなかじ》の話を聞くたびにバートはあたかも自分がタイムスリップしたかのような気分になった。戦国武将の甲冑《かっちゅう》を身に纏《まと》った己を思い描いては胸をときめかすのだった。バートの四ッ谷の下宿を訪れるとM・ジェームスは「バートの顔はサムライの容貌にそっくり」だと冗談を飛ばしていた。戦時中という最悪の状態と環境の中で、名刀正宗の話をもし軍部憲兵にでも知れたら、あらぬ嫌疑をかけられるかもしれない。そう思った二人は周囲に漏れぬようひそひそと話をした。刀や刀に関する書物などは、下宿先の部屋や本棚には絶対に置かないよう気をつけるのだった。

　バートがもう一つ、一種の憧憬に似た感情を抱いたのは禅である。京都には子供のころ数回両親と神戸から見物に来て、金閣寺や清水寺を参拝した。なぜ、寺院に行くたびに両親が手を合わせて拝むのか理解できなくて、とても不思議に思っていたのだった。父が逝去して数年過ぎた頃、戦前神戸ミッションスクールの生徒だったころ、母の着物をあつらえるのに京都に同行した。母が呉服屋《ごふく》で反物《たんもの》を吟味《ぎんみ》している合間《あいま》にバートは平安神宮で参拝することを母から勧められ、その参拝からも日本人の心の一端を知ることになった。母はバートが子供の頃からバートを日本人として育てることに腐心《ふしん》し、日本人の心や精神を徹底的に教育することを常とした。その背景には、母自身も子供の頃から陸軍近衛兵の祖父や長兄から、日本人の心や女性としての躾を徹底的に仕込まれたことがあった。奥の座敷に兄達と一列に正座し、父から日本の歴史や道徳、修身教育などを、真の日本人を形成する礎《いしずえ》として、教育されたのだった。このようなバートの生まれ育った環境、楽しかった京都の思い出などが、バートに、禅に対する興味、憧れを喚起したと言うことが出来るであろう。

　母はバートが日系二世としてこの世に生を受け、今後、一人の男児として天寿を全うするまで日系二世としてのルーツを背負って生きることの尊さや誇りを、切々と話して聞かせるのだった。その甲斐《かい》あってバートは、日本人であろうが外国人であろうが、白人、黒人、黄色人種であっても、偏見を抱くことなく、人見知りをせずに分けへだてなく接していた。子供の頃から、人種差別や皮膚の色に対する偏見など、脳裡の片隅にさえ存在しなかった。この無差別・無偏見の心こそ、バートが成人して社会に出てから大いに役立つのだった。

バートは戦前、神戸市内の剣道の道場（武徳殿）で、友人達数人と稽古に汗を流した経験もあり、日本古来の武芸に対する関心もその頃に培われた。剣道では主に精神集中を学んだのだった。英国ミッションスクールの小学校に入学して以来、勉強もスポーツもトップを取ることに無上の喜びを感じる少年であった。戦国時代の武将の絵本や米国出版社の世界地図、絵で見て学習する世界史などを好んで読んだ。几帳面な父ジュリアンの影響からか、バートの子供部屋の本棚には、いつも本が整然と並べてあった。バートが殊更憧れたのはなんといっても「日本のサムライ」だった。サムライは心技体の奥義を究め、剣道のみならず空手も習得しなければならない、と考えた。精神も肉体も、「身も心も」いわゆる心技一体となることがサムライの基本的な条件であると信じていた。

軍政部の来訪

そんなある日、突如米軍政部が自宅に訪ねて来た。彼らはあくまで紳士的に自己紹介をした。彼らの階級はそれぞれ大尉、少尉、軍曹。米国軍政部の来訪の目的は、バートを米軍のスタッフとして採用することだった。近々、33師団が神戸に進駐に来るために必要な施設を用意するので、英語、日本語ができるバートをその施設で使いたいということだった。バートはその日は正式な返答をせず、後日軍政部のオフィスを訪れることとなった。

軍政部によって指定された日がやって来た。バートは堂々と胸を張って、身ぎれいにして出頭した。軍政部の大佐はバートの今までの経緯を興味ありげに聞くと、部下に命じて良質のコーヒーを淹《い》れさせ、それをバートに勧めた。その時大佐の心は決まったのだった。この日、米国軍政部の命により、バートは軍属として採用が決定した。軍属とは軍隊の中の非軍人であり、英語ではDepartment of the Army Civilian。

略称はＤＡＣ。

日米大戦の最中、日本の理工系の学生は赤紙召集から一時外され、学徒動員と称する勤労奉仕と強制労働が課せられた。理工系の学生は機械操作や重機に熟知しているという点を考慮し、大本営本部の命は下されていたのだった。その様なわけで幸か不幸かバート達は、日本軍の召集から免除されていた。しかし、終戦を迎えた途端、今度は突然アメリカ人として軍属となるように言われたのだった。運命の皮肉のようにも思えるが、バートは軍属となったことも自然の流れとして受け止めていた。

アメリカ軍政部の兵隊達に対してバートは堂々と接していた。バートの高い英語能力はもちろんのこと、彼の優れた知性や博識、さらに日本語にも堪能なことに米兵達も舌を巻くほど驚いた。「すごい米国二世の日本人がいる」という報せは上司の司令官の耳にも入った。アメリカの田舎出身の兵士たちは、その後、バートの人となりを知るに及んで、兵士たちの中にはバートは真に「日本のサムライだ」と信じる者さえ出てきた。確かにバートが一人で海をじっと見ている姿は、正に兵士たちの噂となった「サムライ」の風貌があった。第三者からそのように見えるのは、バートの心の深淵《しんえん》から自然に湧きでる雰囲気であり、バート自身が意図的、恣意的《しいてき》に装った訳ではなかった。バート自身が常日頃から心がけていた「日本人として恥ずかしくないように生きる」という決意が、特に成人後、目に見えない力となって、周囲の者を感化したのである。

第9章　アメリカ駐留軍と激論

Ｊバート軍政部軍属時代

軍政部に軍属入隊

　軍政部は先遣隊軍政部と呼ばれ、１９４５年9月12日33師団の受け入れ準備として無条件降伏をした県庁に来て、内部組織のすべてを調べ、彼らの任務の拠点とした。また、水上警察、生糸検査場、大丸、税関、神戸ビル、神港ビル等を兵隊の宿舎として使うこととなった。

　バートは技術のある労働者たちを指揮し、それらの建物の整備・補修・清掃に携わった。また、川崎重工、三菱重工、国鉄などで労務に従事していた軍人捕虜・民間捕虜を解放、各人の健康状態を調べた上で、33師団に受け渡した。その軍人たちは他の捕虜収容所にいる軍人たちと一緒に横浜まで列車で送られ、その後米国に送還された。

33師団に転属

33師団は、イーストキャンプとウェストキャンプに分かれていて、イーストキャンプは白人米兵だけで編成されていた。神戸市内の接収した建物をローテーションで管理した。主な業務は管理であり、住所、所有者名、法人会社名、会社事業内容や代表者名などを広範囲にファイリングした。

他方、ウェストキャンプは黒人兵の部隊で編成されていた。飛行場からの運輸や物資運搬などを含めた運送および運搬が主力任務であったため、キャンプには数十台のトラックやジープが整然と隊列を組んだように並んでいた。

バートはイーストキャンプに所属し、オペレーションマネージャークラスの任務を行うことになった。イーストキャンプの業務は日本人を相手とする。そのため、両方の言葉が堪能《たんのう》なバートを港湾部の下士官や将校が非常に気に入り、通訳も兼務する役目を負託《ふたく》されたのだ。

1945年、バートはシビリアン軍属となった。軍属の制服はアメリカ陸軍の所定の制服とデザインは全く同じだが、色だけが違っていたので部隊間ではすぐに判別された。

33師団は1946年2月5日に解除され、部隊は横浜経由で本土に帰還した。その後バートは大阪に転属した。

第6師団

25日、第6師団が大阪に着いた。New Osaka Hotelに本部を構えたので、そこで、神戸と同様、あちこちに散らばっていた捕虜を探し出し、開放する手配をした。

京都I‐Corp

大阪での業務が終わり、京都のI‐Corpに転勤、接収した都ホテルを軍の拠点オフィスとして活動した。米軍が接収した都《みやこ》ホテルを軍の拠点オフィスとして活動した。京都では治安維持活動、日本の憲兵司令部への家宅捜査、武器、弾薬その他の調査と没収を任務として行った。

忘れられない外国兵捕虜収容所

昭和20年8月15日の終戦の日からバートは様々な経験をした。軍属として神戸軍政部に召集されて以来、港湾マネジメント、大空襲後の焼け残ったビルディングの管理などに数限りなく従事してきた。そのような彼の経験の中で、バートが一瞬たりとも忘れられなかったものがある。それはあの灼熱の真夏の出来事（昭和20年9月）だった。その日は残暑がひときわ厳しく、ジープを飛ばしても軍服の中まで汗が流れるほどだったこともよく覚えている。彼はその日を思い返すごとに息が詰まりそうな圧迫感に苛まれるのだった。

京都都《みやこ》ホテルが接収され（昭和20年9月24日）、Ｉ－Ｃｏｒｐ部隊となってから約一週間がたったある日のことだ。外国兵捕虜収容所管理に関するミーティングが行われ、その担当者が選定された。収容所には米国人、英国人、オランダ人、その他がいるという情報だった。捕虜収容所の解放の際には想定外のアクシデントが起こる可能性がある。それらに徹底的に対処できるようにするため、日本語が堪能で土地勘や地元日本人の心情もよく分かる人物が必要とされた。司令部は、バートこそ適任者と判断し、彼を招いたのだ。

司令官の指示は、捕虜収容所に未だに収容され自由を束縛されている外国兵の解放と管理を行うことだった。捕虜を解放して医者による身体検査を行い、その後で捕虜たちに自由を与えることが使命だった。司令官指令のプライオリティを決定し、実効日の順序、日時、選任兵の人数、分乗するトラック・救急車の数などを徹底的に協議し、所在地の地図を拡げ赤色でマークアップし、流れる汗を拭《ぬぐ》っては吐息をつくのだった。外国人捕虜収容所は老朽化した木造平屋建ての小学校の建物を使っていた。それは、滋賀県坂田郡米原《まいばら》町（現・米原市）中心部から若干距離をおいた小高い丘の上にあった。京都Ｉ‐Ｃｏｒｐ司令部の情報でも、外国人捕虜兵の人数や国別、階級などは全く不明のままだった。

司令部新任少尉の結論は、とにかく米兵も完全武装し予断なく進めることだった。京都司令部指令に従いジープとトラック五台に兵士と医者、総勢25名が分乗し、早朝4時点呼を終え目的地に進軍するという命令書が三日前に配られた。米兵が完全武装し、仮に日本軍が無条件降伏を終えたとしても、日本兵が全員武器撤収《てっしゅう》に応じ、まったく空身《からみ》のまま待機しているとは限らない。また、日本とはつい1、2か月前まで交戦状態だったので、ゲリラ兵が出没しない保証はどこにも無かった。

こうした前提を踏まえて、万全の準備と用意を周到し滞り無く、全員がそれぞれ抜かり無いようにチェックして役割分担通りのジープとトラックに分乗した。濃霧を掻《か》き分けるように先発車は全力疾走した。その先発者に誘導されながら、琵琶《びわ》湖周辺を通過し、山間《やまあい》の田舎道は凹凸《おうとつ》の激しい石だらけの険しい道を走り抜けた。地図を頼りに検索を続行したが、山深く入り込んでいたため、それらしい建物はそう簡単には発見できなかった。

京都司令部のスタッフは、収容所はシェルターの様に人里から離れ、山間部《さんかんぶ》の人目のつかない場所に存在するものと予測していた。太陽は頭の真上に上り、じりじりと容赦なく照りつけていた。サングラスの下から零れるように汗が流れていた。先導車からストップの合図があり、順次ジープとトラックは止まった。二台目に分乗したバートのジープから、微《かす》かに錆《さ》びた鉄線の張った塀が目に入った。その時点では収容所は日本軍が管理していたので、バート達が行った時、門の両側に歩哨兵が立っており門から建物までの百メートルの間には兵士が両側に並んでいた。玄関では出迎えの将校から挨拶をうけた。建物内部は薄暗かったが目が慣れた頃、捕虜の米兵の何人かがバート達と目が合った時彼らはハラハラと涙を流した。その後、青ざめた瘦《や》せ細った捕虜たちは、薄汚れた収容所のユニフォームに身を包み気怠《けだ》るそうにようやく集まってきた。五分ぐらいの間に急遽集合した捕虜達の数は、何と百二十人にもおよぶ大勢だった。バート達が持参してきた食料で捕虜達に食事をさせた。食べている間に健康状態をチェックして名前、番号、部隊、経歴を聞いていった。

その後、捕虜たちは京都で仮検査をして神戸港の近くにある病院で身体検査を終え、階級などを細かく審査した後、横浜から船で母国に旅立ったのであった。バートも大《たい》役《やく》を終え、ヒューマニズムに富んだ一連の行動に対し司令部から高い評価を受けた。

ここ何カ月か前に、筆者は米原《まいばら》市役所の歴史文化財課に、バートが解放に関わった大阪俘虜収容所第10分所（昭和20年5月18日の収容所開設時は第25分所）の所在地を尋ねてみた。すると、捕虜収容所を建立した記録以外は建物の写真、所在地、その他一切の公的な記録は皆無だとの返答だった。バート達が行く前に、すでに収容所の責任者が記録を処分してしまったのだと思われる。彼らは後の世代による回顧、特に戦後七十年を経た未来に、激動の戦争の日々を知らない世代によって回顧録が編まれるなど想像だにしなかっただろう。バートの記憶に焼き付いた外国人捕虜収容所の記録は、今は見る影も跡かたもなく山間の大きな繁みの中に埋没してしまったに相違ない。まさに「夏草や　つわものどもの　夢の跡《あと》」なのだ。

京都のＩ‐Ｃｏｒｐでの別の任務として、元々重要な文化施設等は米国軍の空爆の対象からは外されていたが、改めて歴史上重要な美術館、博物館、神社仏閣等を軍の専門の人間、日本の歴史専門家、そして京都府庁の方々の協力を得て、調査して記録にまとめた。そんな任務にもバートも参加、通訳として活躍した。

京都の任務を終え、久方ぶりに神戸の自宅に帰宅すると、母今日は明るくバートを迎えてくれた。昔からそうだったが、母はバートの仕事や任務には心配はするが、任務の中味に関してはこと細かな質問などは決してしなかった。

神戸港湾の管理マスターへ昇進

軍属から一気に昇級して米軍司令部管轄の神戸・大阪港湾の総括本部（US

Headquarters Port Command）の管理アシスタントハーバーマスターに昇進した。米軍の正規入隊者や志願兵ではなく、一般市民から軍属として召集された身としては破格の待遇である。これは米国においてバートと同じように日米双方にルーツを持つ日系二世でもありえないことだった。この破格の昇進は、バートの真剣さや忠実さが上級将校から高く評価されたためであった。

港湾管理の主たる任務は海の景観を美しく保つことであった。これには、最重要のオペレーションである機雷掃海《そうかい》の任務が含まれていた。日米戦争末期、米空軍は米海軍の本土上陸に備え、戦略的に紀伊水道の入り口から大阪湾全体に機雷を投下した。日本の船舶が湾外に出られない様にするのが目的だった。大阪湾に機雷を投下した為に上陸出来る最も近い港が和歌山だった。米海軍の本土上陸作戦は、和歌山港を上陸地としていた。

戦争が終わった後も莫大な数の機雷が海中に投下されたまま残されていた。そのため、大阪湾、広畑港は現状では船の航行が出来ず、使用不能な状態となっていた。この機雷掃海の任務は極めて苛酷《かこく》であった。作業はアメリカ海軍の船二十五隻が従事して、何度も具体的な機雷掃海計画のロードマップが策定された。慎重な作業は真冬にも遂行されたため、身も心も凍りついた。浮いている機雷はそのまま破壊できたが、水中に漂っている機雷や海底に沈んでいる機雷は磁力で面に浮かび上がらせた後で破壊しなければならなかった。その作業は難行続きだった。

バートの調整能力や交渉術は決して研修や読書で身に着けたものではなかった。それは子供の頃からインターナショナルスクールで各国の外国人や隣に住む日本人の子供達とのごく自然なコミュニケーションによって培われたものであった。

作業と任務の最優先事項は、神戸港から紀伊水道にいたるまでの完全な航路を一刻も早く作り、船が往復できるようにすることだった。他にも広畑に抜ける航路拡張の任務があった。安全な航路の幅は五百メートルが原則であった。この頃から日本の港湾局と海運局との協同作業となった。

これによって船舶の航行が円滑《えんかつ》となった。そのため、難しい作業に苦しんだことはあったが、六ヶ月以上かかって任務の目標を完遂《かんすい》したことにバートも満足した。日本人の関係スタッフや役人達もバートの人柄を好んで評価し、日米両国の架け橋として友好の絆を結ぶ機会を作ったことをバートは快く感じていた。

港湾部の次のバートへの指令は、港湾総管理のシステム作りだった。港湾司令部軍属としての凡《およ》そ四カ年の経過と実績から、彼の任務は港湾管理－司令部３１７部隊の担当へと、任務の範囲が更に拡張された。この任務は神戸港を日本の主要港として保全管理することによって、外国船の往復航路の安全を守り、危険な事態を防ぐための総括マネジメントの指令任務だった。

毎月の給与はアメリカの兵と同じように軍票《ぐんぴょう》でもらった。また神戸の外国人限定のＰＸ（軍が管理する店）にてアメリカ人の日常食生活に必要な物資を手に入れることができた。現在の大丸神戸店がその場所だった。

第二部　強靭なグローバルリーダーを先駆けた男

第10章　世界のビジネスへ羽ばたく

Ｊバート　ビジネスマン時代

世界市場は広かった

バートは１９４５年から１９４９年までの四年間、米軍軍属港湾管理マネージャーとしての役職と責任を全うし、その実績を高く評価された。それにより、米軍港湾司令部管轄の神戸港の事実上のトップであるアシスタントハーバーマスターに大昇進した。ほとんど組織の部下はアメリカ人だった。業務上の公用語は勿論英語だが、日本の海運局（海上保安庁、水上警察と連携していた）や政府関係の偉い役人が来神し、日米間の行政上の協議や視察などの主力業務の通訳や会議のコーディネーションの時はバートの独壇場《どくだんじょう》であった。日本人の役人が舌を巻くほどバートの通訳は絶妙で、時折ランチの時など政府の役人がバートに近寄り「あなたは、本当はアメリカ人ですよね」と確かめることもたびたびあった。それほどまでにバートの英語と日本語の双方は、時を重ねるたびに益々磨きをかけられていた。こうしたキャリアを評価され、バートは1949年3月を期して民間企業であるエバレット汽船株式会社に誘われた。港湾司令部時代からエバレット汽船とは接触があった。

エバレット汽船株式会社の事業内容は海運業で、船舶のスケジュール管理、日本の水上警察や海運局との折衝など多岐にわたっていた。バートは関西港湾地域のオペレーションマネージャーとして重責を担うポジションに就任した。

エバレット汽船時代

バートがエバレット汽船株式会

横浜自宅でのバースデーパーティー

社に「仕事のできる男」と高く評価されたのはなぜか。それは、日米終戦後に始まった彼の米軍軍属としての実績と体験に裏打ちされたマネジメント能力が大きいと言えるだろう。神戸港のトップであるアシスタントハーバーマスターとして三年間の港湾管理に携わった経験は、バートを人の上に立つにふさわしい人間に育て上げていた。

また、港湾管理を通して身に着けた海運全体に関するプロフェッショナルな知識とスキルは、彼がビジネスマンとして自分自身の実力を発揮していくための原動力であった。

エバレット汽船は米軍司令部とは

エバレット汽船　オペレーションマネージャー時代

違って完全に民間の営利会社であるため、それまでの仕事と違う点もあった。収益を上げるために営業活動も彼の仕事となった。また海運に携わる民間企業として、リスクマネジメントのために海運保険を扱う必要もあった。そのため、バートはエバレット汽船でも極めて多忙な日々を過ごすことになった。

どの分野の業態や企業組織でも、一般的に日本企業は特にそうであるように一気に昇進したり出世することは稀有であった。バートの場合は外資企業でないとなかなかその実力を発揮して出世することは難しかっただろう。

エバレットトラベルサービスの別事

業部門を東京に設立するため、一時的だがアシスタントマネージャーとして東京駐在を果たした。さらに、翌年大阪ブランチマネージャーとして赴任《ふにん》し、約一年後神戸本店のオフィスに還《かえ》り、一般運輸業主体の関西地域ゼネラルマネージャーに就任した。バートが東京、横浜、大阪と大都市の主力港湾の海運業に携わった経験は、後の彼のビジネス展開に大いに役立った。

１９５６年10月、本社の人事異動に伴い、新規事業部である航空貨物事業部が新設されたことから、バートはそのマネージャーを兼務することとなった。米軍神戸軍政部の軍属ののちにビジネスマンとなった彼であるが、彼はこの職場で十三、四年間にわたり港湾海運事業に携わったことになる。

彼は広義の海運事業の権威として、豊富な実務経験を持ち日米双方の言語を巧みに操《あやつ》る男として業界でも有名になった。海運業は、船舶の命運を左右する責任を伴う仕事であり、船の災害や予測し難い自然との闘いでもある。そのため、各担当デビジョン事業部スタッフは、二十四時間体制が常識であり、徹夜業務の突貫工事や夜勤など当然であった。そのような忙しい日々の中で、終戦以降ずっと港湾や海に関する仕事から離れることなく、それぞれの仕事を勤め上げたことの原点について、バートは遠い彼方の水平線を見ながらふと振り返ることもあった。

そんな時に決まって彼の脳裏によぎる言葉がある。それは「責任」という言葉だ。彼の父は常に、幼少時代から物心のつく少年時代まで生存中は必ずといってよいほど「君の責任だよ Your Responsibility!」と、ことあるごとに強い口調でバートをさとし、戒めては責任の道理を説明したものだった。

ある日曜日の朝、バートは父ジュリアンのご機嫌のよいときに、父が何故この「責任」という語に執拗にこだわるのか尋ねた。すると父はあたかも教会の宣教師のような顔つきでバートの眼を喰い入るように見て、「アメリカの小学校ではね、低学年の時にどの学校でも都会のニューヨークでも田舎の町でさえも、一番最初に小学校に入学した時から担任教師が責任ということについて分かりやすく説明するんだよ」と優しく話してくれた。

後にバートがビジネスの世界に足を踏《ふ》み入れて以来、この責任という言葉の本当の意味を理解する機会に度々遭遇《そうぐう》し、あの時の父の言葉をしみじみと思い返した。

エバレット汽船株式会社の送別会

日本のリプトン紅茶を担って

バートに人生の転機が訪れた。ある時、神戸新聞にバートの書いた文章が掲載され、その記事がメイスン氏の目に止まった。バートはメイスン氏とは子供の頃から家族ぐるみで面識があった。メイスン氏は英国リプトン紅茶の日本輸入総代理店プライス・メイスンアンドカンパニーリミテッド（以降ＰＭＣ社と略称）の副社長だった。ちなみにＰＭＣ社の社長はプライス氏で、宝塚で炭酸水を製造販売していたウィルキンソン社の社長も兼務していた。

メイスン氏からバートに電話があった。バートはメイスン副社長からのスカウトの話

英国本国リプトン紅茶トップ来日パーティ　発売元とバート（後列左側２人目）

に驚いた。長い期間海運に携わってきたバートは今では海運関連のエキスパートになっていたので、全く畑違いの分野の仕事に転身することに不安を拭えなかった。

ここでリプトン紅茶の歴史を振り返る。リプトン卿は１８８６年（明治19年）に英国王室にリプトン紅茶を紹介し１８９５年英国王室御用商人となった。そして功績が評価され、１８９８（明治31年）年ビクトリア女王から（ナイト、勲爵士《くんしやくし》）に叙《じよ》せられた。現在では世界百五十六カ国に及ぶまさに地球の隅々までリプトン愛好者がいて、その生活習慣の中にまで普及される偉業を成就したことは世界中の子供達の歴史の本に必ず載《の》っている。

日本の紅茶導入の歴史も古く、１８７４年（明治7年）に初めて紅茶の実験生産が開始された。明治政府は良質な紅茶の製造を行ってアメリカに輸出することで、従来からの緑茶だけでなく紅茶の輸出産業を振興しようとしていた。

１９０７年（明治40年）初めてリプトン紅茶が日本に輸入され、当時の総合輸入食料品店「明治屋」が第一号店で大々的な宣伝を行い、いわゆるリプトンブランドの日本市場を最初に拡張することになった。追随するように松下商店、国分商店、祭原商店、鈴木洋酒店などがリプトン紅茶の取扱店となり販売網が一段と普及され強化された（リプトン紅茶70周年編集史、改変を加えて引用）。舶来《はくらい》輸入の本格派紅茶として、一部の上流階級のエリート達に珍重され嗜好されていた。

バートは母と相談の結果、メイスン副社長に会うことにした。彼は強い意志のもと、招聘を快諾《かいだく》することにした。もちろん、契約の際には自分の役割や諸条件を細部に亘り聞き、そして納得した。またまたバートの新しい異なった分野への挑戦であり、新しい航路への船出でもあった。

英国リプトン紅茶の日本輸入総代理はPMC社であった。ほどなくしてバートは同社の海外輸入事業部の担当となり、総支配人としての重責をプライス社長から拝命した。

バートたちはリプトン紅茶の日本市場拡大の機能を担う日本代理店として、株式会社を設立することを決定した。1964年（昭和39年）10月8日、東食《とうしょく》、三井物産《みついぶっさん》株式会社の共同出資のもと、日本輸入食品株式会社（JIPCO）が設立された。本社は大阪市に置かれた。両社から何人かが役員として就任した。

日本輸入食品株式会社の機能と役割は、製造、販売プロモーション、広告宣伝であった。この三本の柱を主軸に組織編成を行い、東京、札幌、仙台、名古屋、大阪、広島、福岡の各地に営業所が設置された。

いよいよ本格的なリプトン紅茶の市場拡大への一大作戦が始まった。日本を代表する商社が代理店の販売のバックアップを担うという戦後初の体制で、まさに壮大な船出となったのであった。すでにこの時点でリプトンは世界百五十六ヵ国に輸出され、二十四ヵ国に直営工場を設置し十八ヵ国の支店が網羅《もうら》されていた。

日本の販売網を組織的かつ機能的に活性化するため、日本市場の戦略的な方策とし

リプトン紅茶英国本社重役来日記念パーティにて　バート常務と副社長夫人

て、当時としては極めて珍しい重点策の市場細分化戦略を行っていた。リプトン会の組織編成は全国七地域市場に分割し、販売網の機能的なデリバリーを実施したことであった。リプトン会加盟店の総数は日本列島市場を全てカバーできる百十六社となった。

バートは、日本輸入食品株式会社の海外事業担当常務取締役としての役職を担う重責を持ち、連日連夜にわたり東奔西走して全く気の抜けない年を過ごしていた。

バートがトップマネジメントまでプロモーションできた要因は、卓越した英語と日本語の遣《つか》い手として、国内担当のトップレベルの日本人との円滑なコミュニケーションをとることができたことだ。加えて、バート自身の天性的な如才無《じょさいな》さと他のいかなる外国人にも無い才知こそが、その重要な要素であることに多言を要さない。また海外事業担当者としての役割と機能は、言うまでもなく堪能《たんのう》な英語力と外国人との付き合い方の上手さであった。

リプトン紅茶のマーケットシェアは年々増加の一途を辿り、市場占拠率50％へ挑戦する年次ボードミーティングが東京で行われた。紅茶の輸入が自由化される１９７１年（昭和46年）を基点として経営戦略五カ年計画が決定され、50％のマーケットシェアの獲得と三一〇億円の売上という目標が決定された。折しも、幸いにして日本経済は戦後経済成長の最中だった。実にタイムリーな経営戦略の五カ年中期事業計画へのスタートだった。日米開戦中の苦渋の体験を生かすため、バートはビジネスへの活力を漲《みなぎ》らせた。

ティーバッグ紅茶の発売

昭和30年代の日本は、年度を追うごとに経済復興していった。まだ日本政府の外貨

リプトン紅茶英国本社重役来日記念パーティにて　バート（左）、副社長夫人（左２人目）、専務（右）

取得の制限等の障害などはあったが、日本には活気が満ちていた。そんな中、リプトンは使いやすい新しいタイプのティーバッグを開発し、１９６１年（昭和36年）に日本に導入した。これにより、日本国内でティーバッグを使った紅茶が急速に広まったのである。これは、長い伝統と技術とを持ち合わせたリプトンだからこそ成しえたものだった。

１９６１年に発売された「リプトンクオリティー№１ブレンド リーフティー」は革命的な商品となった。伝統あるリプトンの独創的なデザインやパッケージも、ティーバッグ紅茶の導入と共に刷新的に見直しを行った。

リプトン本社（ロンドン）で日本の販売システムを説明するバート

リプトンによる使いやすいティーバッグ紅茶の登場は、紅茶の飲み方の習慣や作法まで変えてしまった。これはそれまでの紅茶に関する一般常識を覆し、世界を驚かせた。また、アイデアを商品として形にするその手腕は、R&D（研究開発）の経営戦略のモデルにもなった。

1971年（昭和46年）には待望の紅茶の輸入自由化を迎えた。これにより日本国内の紅茶市場はより一層拡大し、ティーバッグ紅茶の需要も飛躍的に増加した。

そのような急速な紅茶の需要の増大とともに、リプトンはさらなる事業拡張を行ったため、バートの担当する業務範疇《はんちゅう》は日々変化し多忙を極めた。大阪本社でデスクを

常務取締役（海外担当）　J.F. バート
常務取締役（製造・経理担当）　浜田　君雄
取締役東京営業所長（宣伝担当）　岩崎　茂
監査役（非常勤）　鈴木　敏雄
取締役（非常勤）　東條　英悟
監査役　塔本　基男

日本でリプトンを担うボードメンバー

温める暇など全く無かった。彼は市場調査や支店会議には必ずといってよいほど参加した。日本列島の紅茶市場あるところには必ず彼がいる、といったほどだ。

また、彼は得意先の会議や飲み会などにも率先して馳せ参じたために彼の人気や評判は頗《すこぶ》る高かった。得意先ではよく「日本人より日本的だね」などとよく言われたものだった。また、札幌や東京の銀座でよく行われた得意先のトップとの二次会では、若くてハンサムな独身の彼はひときわ人気だったため、同行する商社の面々からよく冷やかされたりもした。

ＰＭＣ社のツートップはいずれもイギリス人だった。社長のプライス氏は炭酸ドリンクの社長を兼務していたので、バートも役員会や海外出張の時ぐらいしか顔を合わせることは余りなかった。したがって、大阪本社の副社長たるメイスン氏と仕事することが多かった。セイロン島（現スリラン

監査役（非常勤）　上地　虎次　取締役大阪営業部長　森　進一　取締役東京営業部長　富永　市蔵　常務取締役（営業担当）　井筒　清次郎　代表取締役社長　H.J. メイスン

カ）への紅茶買い付けや取引の打ち合わせなどで、何度か海外出張に同行したこともあった。もともと、メイスン副社長はイギリス人独特の無表情で寡黙《かもく》な男だが、きれいな金髪の夫人は反対に愛想《あいそ》がよく饒舌《じょうぜつ》で、パーティで会う度毎にバートに結婚を急がすのだった。メイスンとバートはお互いに神戸に居住していたので、年を重ねるごとに気心も知れていった。

　メイスン氏はビジネスの方法やアドバイスなど、ためになる話を多くしてくれた。メイスン氏はバートの次なるステップアップへの大きなパートナーでもあり、トップになるための幅広い人格形成の基本を教えてくれたのであった。

　ＰＭＣ社ゼネラルマネージャーの業務と、日本輸入食品株式会社海外担当常務の業務を併行して行うことは至難の技であった。リプトン紅茶のロンドン本社に報告する書類を作成するだけでも徹夜をしないと間に合わず、月末になると頭が

リプトン紅茶英国本社専務（左２人目）、バート（右２人目）

パニックになるほどの忙しさだった。社内用語が英語だったことになんとか助けられていた。

日本経済の成長と発展は、経済大国のアメリカの成長度に匹敵するほどであった。企業力を備えた上場企業を筆頭に、中小企業の好調な業績は国民の消費を拡大させた。国民の消費傾向や嗜好も大いに変化し、直接需要の喚起に影響した。

リプトン紅茶のブランドロイヤリティ戦略は、卓越した販売網の拡充と円滑化を目指すもので、機動性と速さを重視するものだった。日本の経済成長を支えたものの一つに、日本列島に張り巡らされた物流網がある。日本輸入食品株式会社はそれも見逃さなかった。

日本での紅茶の需要は、五カ年計画での予測通りに推移した。日本リプトンの事業は日本の経済成長という名の潮目に完全に乗った。ティーバッグ紅茶の導入もマスプロ＝マスセール（大量生産・大量消費）時代の到来と合致していた。

またテレビに代表されるマスメディアは国民を消費へと駆り立てた。マスプロ＝マスセールにマスメディアを加えた三マス時代の到来は、消費時代の始まりとも言われた。

そのような時代の中、リプトンブランドは市場細分化戦略や、年代別、男女別等の需要ニーズの差別化戦略の展開をした。日本人の嗜好性が変化しているだけでなく、嗜好が細分化していることに気づいていたからだ。

日本人の一般家庭の茶の間に緑茶だけでなく、珈琲、紅茶も並ぶ様になった。リプトンはそのような日本の嗜好飲料に対する独特なこだわりを見抜いていた。リプトン紅茶の日本市場への導入戦略は、見事に成功した。

ティーバッグ製造機の導入と「インスタント化時代」

しかし、そのようなリプトンブランドの日本での成功も、完全に無風だったわけではない。逆風もあったことを記しておくべきだろう。

１９６２年（昭和37年）の社内トップマネジメント役員会の決定議題の最重要項目は、「リプトン紅茶ティーバッグ」の市場拡大だった。当時、ティーバッグ自動包装機「コンスタンタ」一号機を西ドイツから輸入して以来、会社は最大の問題に遭遇していた。

当時の日本は高度経済成長期にあり、日本でのリーフティーの需要の増加は確実だった。しかし、消費社会の到来がもたらしたものは激しい企業間競争だった。

企業間競争によって製品のＲ＆Ｄ（研究・開発）は依然より盛んになり、そのために積極的に投資が行われた。この時代に求められたものは、製品開発による「利便性の追求」、つまり「製品のインスタント化」であった。

「利便性の追求」、「製品のインスタント化」を求める市場のニーズは、あらゆる食品分野にあてはまるものだった。つまり簡単に飲み食いできるもの、効率のいいもの、どこでも気軽に利用できるもの、そして安いものを求める市場ニーズである。

　食品全般のインスタント化のための開発競争は時代の欲求、つまり消費市場のニーズに迎合した大きな潮流であった。

　リプトン紅茶の製品開発も旧来の伝統的なグリーンラベル（青缶）とイエロー

リプトン紅茶設立 70 周年記念イベント
山田五十鈴さんと一緒に

ラベル（黄缶）といったリーフティーからティーバッグ紅茶への一大パッケージ変革を余儀なくされた。そこで、かの英国王室御用達ティーバッグとリーフティーの二本柱商品が世界規模で戦略的に市場に流通されることになった。

西ドイツのティーバッグ自動包装機械「コンスタンタ」の製造は、当時年間製造60台限定という極めて少ないものであり、世界中の食品企業からオーダーが殺到していた。そのため、国を超えてその機械の熾烈な奪い合いの競争が起きていた。バートもはるばるドイツへ赴き、トップミーティングを行ったものの、注文順で納入までに三年待ち、バートたちは数年の間ペンディングオーダー（未決注文）して待たされることになった。それほどまでに、この機械の争奪戦は厳しかったのである。

そのように苦労して日本初のティーバッグ自動包装機械「コンスタンタ」一号機は導入された。その甲斐あって、リプトンの日本でのティーバッグ紅茶の売上は増大していった。さて、その売上は具体的にどのように推移していったか。ここで伝統的なリーフティーとティーバッグ紅茶の売上実績の比率の数値を示すことにしよう。

１９６６年（昭和41年）においてリーフティー54％対ティーバッグ紅茶46％で、辛うじて旧来のリーフティーに軍配が挙がった。しかし翌年１９６７年（昭和42年）の双方の売上実積対比は、43％対57％とティーバッグ紅茶が上回った。ちなみに1970年（昭和45年）の売上実績比率は29％対71％だった。この数字の変化は、いかに消費者のニーズがリーフティーからティーバッグへと変化していったかを如実に示している。このようなニーズの変化は時代の変化が作り出したものでもあり、リプトンもそれに合わせていった部分もあるが、ティーバッグ紅茶のパイオニアとしてリプトン自身が時代を変化させていった部分も大きい。

世界の名門で伝統と歴史あるリプトン紅茶は、ただ伝統を墨守《ぼくしゅ》するのではなく変革することの重要性をよく知っていた。時代の激流に反せず「インスタント化時代」の到来と将来性をふまえた経営戦略は決して間違っていなかった。

「コンスタンタ」一号機の導入後は、西ドイツからの機械の輸入も順調となり、ティーバッグの製造ラインも数を増やした。リプトンのティーバッグ紅茶の売上は五カ年事業計画通りに達成された。営業戦略の展開も、各営業所を含め滞りなく推移した。

入社から二年後に起きた「コンスタンタ」第一号機導入に関する大騒動の顚末を、バートは後にメイスン氏から細部にわたり聞きおよんだ。

ＧＤＰの高い伸長率は国民の消費度意欲を高め、消費時代をもたらした。人々はより簡便に、そして安くて良質の製品を求めるようになった。企業は市場調査によってニーズの動向を細かく探り、商品化の計画を立てては企業間で競争を繰り広げた。

このティーバッグ包装機は、いわば日本の消費社会への転換点と日本でのリプトン紅茶の成功の象徴でもある。それだけでなく、バートのビジネスライフにおいても、それは重要な意味を持つものでもあった。

リプトン紅茶のマーケティング戦略

１９７２年（昭和47年）の日本経済は、大きな経済問題に直面していた。それは前年にアメリカのニクソン大統領が、ドル紙幣と金《きん》との兌換を一時停止すると発表した「ニクソン・ショック」以降の国際通貨不安である。それは日本経済の成長を阻害する大きな要因であった。

当時の流行語に「アメリカがくしゃみをすれば日本も風邪をひく」というものがある。この流行語が示すように、アメリカ経済追随《ついずい》型の日本経済はそのような国際通貨不安に大きな影響を受けた。日本政府はそれに対応して円を守るためにインフレ政策を取り、田中角栄首相が列島改造論を打ち出したものの、日本経済の動向はまったく先が見えないものであった。当時の日本で多く語られた言葉は、円切り上げか切り下げか、インフレかデフレか、もしくはスタグフレーションか、などであった。

リプトン紅茶の１９７２年から７６年までの「中期向こう五カ年経営計画」は、こうした難局をいかに切り抜けるかを根幹としたものである。

１９７２年（昭和47年）、リプトン紅茶日本法人設立70周年の記念行事に合わせて得意先のために作成、配布された「Lipton's 70 years in Japan」には貴重なデータ－が残されている。この資料には、リプトン紅茶のマーケティング事業の計画と、それに基づいた経営戦略の展開、そして、営業方針に関する主針が列挙されている。参考として、以下に引用してみよう。

リプトン紅茶向こう五カ年セールスビジョン

□　経済変動や動向をチェックし経済成長を見極め将来予測

□　紅茶産業の構造や特異性や経済環境を見極め予測

□　企業努力と販売促進効果を予測し指標数値の立体化

（筆者箇条書きに修正し総括収斂　以下同様）

簡略化して示したが、リプトンが市場の動向を詳しく分析し、それを会社の戦略展開に反映させようとしていたことが分かる。また、

リプトン紅茶のマーケットシェア目標

□　紅茶の自然増による要因

（1）経済成長指数と（2）経済環境指数区分

□　自然増による経済成長指数算出の方策

（GNP）（現在GDP）

□　経済成長率（％）

□　生産性

□　人口動向と推移

□　地価上昇率

□　卸売物価指数

□ 消費者物価指数

などの項目について分析した。細部は省略するが、資料によると、これらは総合平均指数を前年比10・6％増として試算されている。さらに、

□ 経済環境指数の算出方法の項目

□ レジャー産業の伸長動向と要因

□ 嗜好飲料の需要動向

□ 紅茶購入（予測）数量と支出金額

に関しては、総合平均指数1・2％増と試算されている。自然増は、双方一括の前年比11・8％増の予測となっている。一方で、「人為増」の課題として、

□ 紅茶促進指数（企業努力、販促効果）

□ 輸入制度の改変（自由化の実現）

□ 輸入関税率の引き下げ（自由化の実現）

の三つが挙げられている。

リプトンは「自然増と人為増」の総合平均指数を1.8％増と見込み、紅茶市場は5カ年全体の平均で、毎年13・6％の増傾向になると予測した。

これらのデータが示すように、リプトンは昭和40年代後半の日本経済の動向を極めて的確に捉えて分析していたのだ。

日本における本格的なマーケティングは、１９５７年（昭和32年）に日本マーケティング協会が設立されたことに始まる。それから15年ほど経過した当時、日本でも創造的「マーケティング戦略」の重要性が認識されていた。これは市場需要の喚起を基幹とした戦略・戦術的マーケティングのことである。その中でも、リプトン紅茶のマーケティング戦略はユニークで独創性が高いという定評を得ていた。

バートがメイスン副社長から誘われ大阪本社に転職したのは、１９６４年（昭和39

年）、つまり東京オリンピック開催の年であった。東海道新幹線が開業し、インフラ設備への投資も好調、日本経済のさらなる躍進を告げる年であった。

１９６６年（昭和41年）には雇用対策法が施行され、第一次雇用基本計画が策定、若年層の雇用を促進することによって安定した経済の基盤の構築が目指された。日本人の所得の増加に合わせて紅茶やコーヒーなどの嗜好飲料を含むソフトドリンクの売上が増大していった時期でもある。

リプトンの事業計画の予測指標では、リーフティーとティーバッグ紅茶の売上比率は、１９７３年を期に47％対53％の逆転の構成比率で推移すると予測されていた。既にアメリカの市場では、70％に近いシェアをティーバッグ紅茶が占めていた。アメリカの生活様式は日本に大きな影響を与えていたため、日本の食生活もアメリカに倣って変化していくと予測された。そこで、アメリカのように、日本でもさまざまな食品分野のインスタント化、嗜好品のティーバッグ化は更に進展するものと予測されたのだ。

リプトン紅茶は商品化計画、販売促進、広告宣伝活動などを連携化し、各機能の融合を図った。また、より良い製造管理方式やデリバリーシステムの開発を行い、トータルマーケティング戦略を展開し、成功を収めたのだった。

日本でのリプトン紅茶事業は１９７５年に設立されたリプトンジャパン株式会社に移行した。

第11章　グローバリゼーションとビジネス

Ｊバート、高齢期と対峙《たいじ》する

株式会社フランシスを神戸に設立

１９７７年５月（昭和52年）、バートは自分の株式会社を設立した。社名は母のクリスチャンネームのフランシスにちなんで「株式会社フランシス」。代表取締役社長はバート自身である。取扱い事業内容はドイツ製ティーバッグ包装機「コンスタンタ機」および関連部品、ドイツのニコールウェバー社の包装資材、英国キャドバリー社と英国プレミアブランス社、スリランカからの紅茶、そしてティーバッグ。それぞれの日本輸入総代理店の特約を附帯した事業でスタートした。ＰＭＣ社での約十三年の間、日本のリプトン紅茶の代理店のトップマネジメントとして、大過やトラブル、クレームなども無く責務を全うした自負もあった。

これまで、バートは様々な職業を経験してきた。今までは、そのすべてがスカウト

スリランカにて　リプトン日本代理店研修ツアー　象に乗るバート

スリランカにて　リプトン時代のスリランカ視察旅行

スリランカにて　リプトン日本代理店研修ツアー

や招聘によるものだった。

戦後まもなく、彼は神戸軍政司令局行政部の軍属として召集を受け、港湾管理の任務を経験した。その貴重な経験こそ民間会社エバレット汽船というビッグカンパニーの運輸会社への転職を可能にした。

エバレット汽船会社で経営組織の管理を実践することによって学んだことは、ジャンルの異なる業界であるリプトン紅茶総代理店のメイスン副社長からの唐突の誘いにつながった。

海運業や汽船業務などと、リプトン紅茶の事業とはまったく異なって

スリランカにて　リプトン日本代理店研修ツアー　バート（左）

スリランカ　茶摘み

いた。しかし、取り扱い事業の中味が異なっていても、経営の底流たる経営組織を含めたマネジメントの根幹は殆んど同一に近かった。そのため、その業種に合致するようアレンジしたり、他の業種からのモデルを導入したりなどの応用も可能であった。

さて、なぜバートは自らの会社を設立することにしたのだろうか。

ある時、大阪にいるプライス氏（ＰＭＣ社長）にバートは呼ばれた。そこでプライス氏はバートにＰＭＣ社を引き受けてほしいと申し出たのだ。また他方では、メイスン氏が米国の娘達の所へ行きたいからリタイアしたいという申し出があった。それは余りにも急な話であったため、彼も困惑した。

バート自身はメイスン氏のリタイアをきっかけに独立したいと考えた。そのため、ずっと担当していた、ドイツのティーバッグ製造機のメーカーであるＴｅｅｐａｃｋ社へ出張した際、「ＰＭＣ社を辞めて独立を考えている」と話をした。すると、Ｔｅｅｐａｃｋ社は同社の業務をバートに託したい、新会社で是非引き受けてほしいと申し出てくれた。同社とは何度も顔を合わせて取引をしていた信頼と実績が物をいった。このことをプライス氏にも話すと、彼は快く承諾してくれた。プライス氏とメイスン氏はＰＭＣ社の持つ総代理店権をバートの新会社フランシスに譲ることにした。

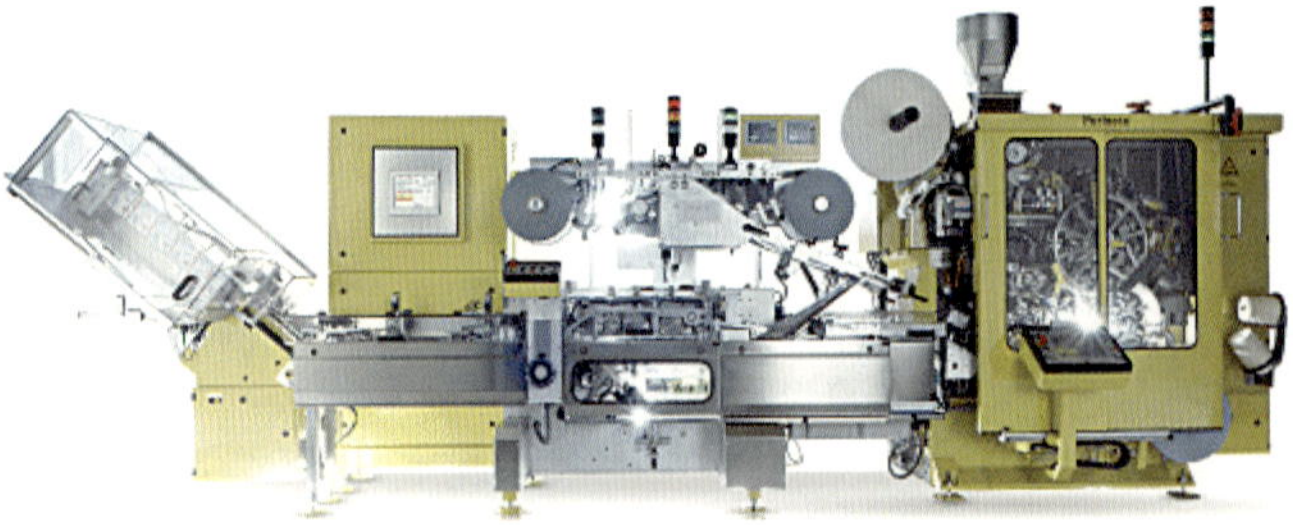

ヒートシールパーフェクタ機

新会社フランシスは、紅茶の販売よりもティーバッグ包装機の取り扱いが主力となった。ティーバッグは紅茶だけでなく他の食品にも、そして食品以外の分野でも応用可能な商品として注目されていた。バートは従来の紅茶のティーバッグの販売に関してはかなりのノウハウを習得していたので、既存のクライアントも多数あったが、そこに新たなクライアントも開拓することができた。

機械の販売先は株式会社三井農林（日東紅茶）、日本紅茶株式会社（ブルックボンド）、片岡物産株式会社（トワイニング）、株式会社小谷穀粉である。

平成八年、従来のコンスタンタ機が大幅に改良された超高速の〝ヒートシールパーフェクタ機〟を日本に導入することが出来たことから、平成十一年、近畿通商産業局から貿易に永年貢献したことで表彰を受けた。

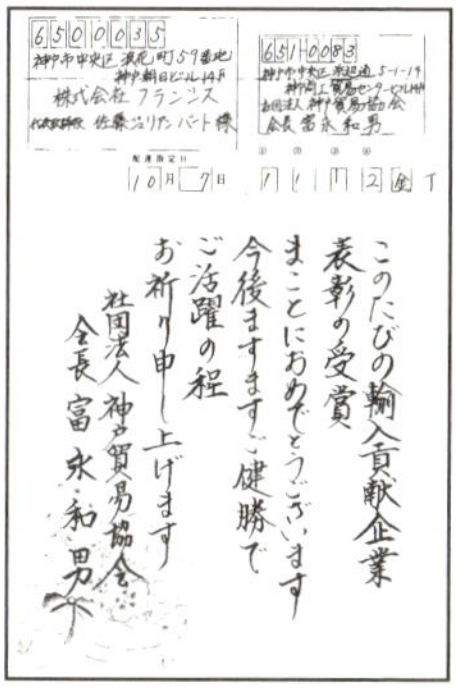
650-0035
神戸市中央区浪花町59番地
神戸朝日ビル14F
株式会社フランシス
代表取締役 佐藤ジュリアンバート様

651-0083
神戸市中央区浜辺通5-1-14
神戸商工貿易センタービル14F
社団法人神戸貿易協会
会長 富永和男

10月7日

このたびの輸入貢献企業
表彰の受賞
まことにおめでとうございます
今後ますますご健勝で
ご活躍の程
お祈り申し上げます
社団法人 神戸貿易協会
会長 富永和男

表彰を伝える電報

表彰状

株式会社フランシス殿

貴社は製品輸入の拡大に努め
我が国の貿易構造の改善に大きく
貢献されましたその功績は誠に
顕著なものがあります
よってここに表彰します

平成十一年十月七日

近畿通商産業局長
小川洋

表彰状

輸入貢献企業等表彰式

大阪日米協会トップはグローバルで多士済々《たしさいさい》

大阪日米協会（Japan-America Society of Osaka）は、大阪だけの日米に関係する企業のグループではない。寧《むし》ろ神戸、京都、大阪の関西地域三都のあらゆるジャンルの法人および個人をメンバーとしている。メンバーとなるためには、直接的あるいは間接的に米国との関連がある法人および個人であることが条件である。メンバーには大学教授、著名なホテルオーナー、医師、米軍上層幹部なども名を連ねている。そのような多彩な顔ぶれを持つ協会では、トップレベルの人間との交流を持つことができるのだ。

一方、協会理事のメンバー、すなわち、役員たるトップマネジメントの面々は誠に多士済々の関西財界人で構成されている。今期（2011年から2013年）の会長はサントリー株式会社代表取締役副社長の鳥井信吾《とりいしんご》（敬称略）、筆頭副会長コクヨ株式会社代表取締役黒田章裕《くろだあきひろ》、同副会長として株式会社フランシス代表取締役社長のジュリアン フランシス 佐藤バート、大阪・神戸米国領事館大佐グレゴリー・W・ケイ、株式会社ロイヤルホテル社長川崎亨《かわさきとおる》の3名。以上がトップマネジメント運営責任

大阪日米協会新任総領事ウェルカムパーティー
（前方左から）鳥井夫人、バート、松下正幸氏、米国総領事、江崎勝久氏、鳥井信吾氏

者である。

　また、参考までに協会のメンバーの名簿に眼を移すと、この協会が名高い企業のトップによって組織されていることがわかる。江崎グリコ江崎勝久《えざきかつひさ》社長、武田薬品工業の長谷川閑史《はせがわやすちか》会長、パナソニック松下正幸《まつしたまさゆき》代表取締役副会長、株式会社鴻池組鴻池一季《こうのいけかずすえ》特別顧問など枚挙に暇がないほど、関西経済界の御仁《ごじん》が名を連ねている。それゆえ、年次総会は参加者大勢の賑やかなパーティでもある。

　日米協会でのバートの評判は「バートの人柄の良さ」や「人一倍の気遣いの人」「顔はアメリカ人だがバートは

大阪日米協会新年会　大阪ロイヤルホテル
サントリー鳥井会長（左）、グリコ江崎社長（左から２人目）、米国総領事（左から４人目）、バート副会長（右）

日本人より日本人だよ」とか「彼は英語と日本語が両方いけるのが得だよ」ということである。日本を代表する企業の日本人トップから、バートはそのように高く評価されている。

年中行事である大阪ロイヤルホテルでの総会やニューイヤーパーティなどの会場で、筆者はバートと同行した。早稲田の後輩ということで、メンバーになった。

まず、バートの顔の広さには驚かされた。まさに老若男女を問わず誰とでも親しく挨拶され、特にご婦人方からの人気は抜群である。

後日、改めて当時のパーティのことを思い出し客観的にバート人気の秘密を分析し、収斂した結果、意外な点が鮮明となり「成程《なるほど》と」しみじみと再認識したことがあった。

それは、日本人の男性には真似のできないアメリカ人インテリの振る舞いを彼が備えていることである。そこには、親しげで独特な挨拶と如才《じょさい》なさがある。これはバート生来の天賦《てんぷ》の才なのかもしれない。ただ明白なことは、彼のこの自然スタイルのパフォーマンスは日米協会だけでなくビジネスライフのあらゆる場面で実践されたということである。英国、ドイツ、アメリカ、

盟友パナソニック代表取締役　松下正幸氏とバート　大阪日米協会パーティにて

スリランカなど、バートのビジネスにおけるあらゆる場所で行われてきたものと推察される。

バートは日米二世として、日本人的な側面とアメリカ人的な側面を持っていること、それを自分のアイデンティティーとしている部分もあるだろう。その生まれによって苦労もしたが、それによって勝ち取ってきたチャンスも多くあるだろう。しかし、それだけではない。

彼が誇るべきことは、やはり彼しか持ちえない経歴である。日本敗戦後に就いた、神戸軍政司令部行政局の軍属での任務。海運汽船会社への転職、そして畑違いにも関わらずリプトン紅茶への誘い、どの職場でも結果を出してきた経歴が彼にはある。

彼は自分のビジネスライフの最終ラウンドとして、株式会社フランシスを自分で立ち上げた。それに至るまでの長きに亘るビジネスの世界での生き様、チャレンジしてきたビジネスの結果は自負するに値する。経過がどうであれ、何時もどこでも全身全霊を傾注してきた。

盤石な日本の原点に還れ

今、年老いたバートが昔を思い返すと、その過去は一瞬に過ぎ去ったように思われた。しかしそこには、ビジネスを通して数え切れないほどの外国人や日本人との出会いもあった。

バートはアメリカ人の父を持つ二世ではあるが、7歳の時に父が逝去したのため、その後は母から「日本人」としての礼儀、作法、言動、躾に至るまで厳しく仕込まれた。それ故に、「容姿はアメリカ人、心は日本人」とバートは決まってそう評された。そんな彼の姿は、多くの職場の人々に知れわたった。

バートの母今日は明治生まれの人である。筆者はどうも、明治生まれの人の方が大正や昭和生まれの人より何かと気丈で厳しく、しっかり者の多い気がしてならない。よく言われることだが、明治生まれの人達は大正や昭和生まれの青二才とは異なり、一種独特の共通の気質や雰囲気を持ち合わせていた。これはなぜなのであろうか。

明治生まれの人はどこか存在感があり、男女とも何かと厳しい感じの人が多いことは事実であろう。歴史を繙いてみても、明治時代こそ新しい時代の幕開けとなったことも事実である。明治維新という日本の歴史を塗り替えた最大の激変をもたらした志士たちだけでなく、明治という激動の新時代を生きた人々もまた偉大なる精神の持ち主であった。日本を代表する偉人の多くが明治時代に生まれたことも、その証である。新しい時代を切り開くという思いに燃えた明治期の人々の持つ「日本人の精神力」こそ、時代を変革していく原動力であったのである。

今日《こんにち》もまた激動の時代である。そこで必要とされているのが、「日本人の精神」だ。明治維新という新しい時代を迎えるための原動力こそ日本人の強靭な精神力のルーツなのだ。これを取り戻す必要がある。

母はよくバートに「明治の人は偉かった」とことあるごとに強い言葉で説教した。特に学校で運動会の競走で負けたり、勉強のテストで悪い採点だったりすると「ジュリアン、あなたそれでも口惜しくないの」と煽《あお》ったという。確かに明治時代こそ武士道や儒教などを培った偉人を世に送り、日本歴史の原点を構築した盤石の時代であった。海外の知識文化人も日本の歴史を研究する場合は、必ずと言ってよいほど明治維新のあった明治時代を近代日本の原点、源流だと位置づけている。バートの祖父母も当然明治生まれなので、その教育の原点は明治期の両親や先生から教えられことだとバートの母は彼をよく諭《さと》したものだ。

バートは昭和2年誕生だが、母の教育の基本はやはり自分自身が躾けられたこと、つまり彼女が受けた三重伊勢関の実家での教育だった。彼女はその教育を時代に合わせてバートに継承したに相違なかった。明治、大正、昭和、平成と元号が変わるにつれ、時代も大きく変化してきた。

平成になってから最近とみに「日本人の精神」についてメディア主催のシンポジウム、パネルデスカッションやセミナーなどが行われている。それぞれの専門家たちの意見も賛否両論だが、収斂すると「現代日本人の精神力は脆弱だ」、「現代の若者の精神力は脆弱《ぜいじゃく》極まりかねない」などとなる。大変強い口調での指摘である。決まったように強調されるのは、明治人の強靭な精神力への礼讃と憧憬である。現代の日本人に必要なことは、明治時代に還って、当時の文化や教育を初めから学び取り、精神力を培うことだと主張されている。日本人よ‼　盤石だった強靭な明治人の原点に還れ‼とバートも強調するのだった。

第12章　母校早稲田ビジョン150とグローバリゼーション

Ｊ　バートグローバルリーダー期

Waseda Vision 150 強靭化へ

来たる2032年早稲田大学創立150周年を目指して、第十六代鎌田総長は「Waseda Vision 150」を策定した。これは二十年後早稲田の学生がどのような教育・研究環境の中で何の学習研究を経て世界へ飛翔できるのか、また、早稲田で学んだ研究成果をどのような姿で生かせるか、どうすれば世界のリーダーとして、地域社会で活躍できる人材たり得るかとのあるべき様態と主針を重点目標としている。すでに長きに亘る伝統と歴史の中で、早稲田は多数の優れた卒業生を輩出してきた。あらゆる分野で校友はその名を馳せ、日本をはじめ世界に冠たる早稲田として、その実績と栄誉を誇っている。

しかしながら、現実にグローバルビジネスの先駆者たるグローバルリーダー、あるいはグローバルビジネストップCEOとして第一線で経験した者から、冷徹に現在の早稲田校友を海外の稲門会の面々から評価しても、掛け値なしで合格点の採れる人材は僅少に限られてしまうのが現状だ。こうした現状を充分に認識し、「学問の独立」、「学問の活用」、「模範国民の成就《じょうじゅ》」という「早稲田大学建学の理念」（早稲田教旨《きょうし》）を現代社会にふさわしい形態で具現化するための改革が進められている。

早稲田教旨に基づき、創立150周年をより理想的な形で迎えるため、早稲田は中長期の戦略的プロジェクトを進めている。「早稲田の杜に人が集まり、早稲田の杜で人が交わり、早稲田の杜から人が散《さん》じる。そしていつでも早稲田の杜に戻ってくる」というグローバルな循環と人材湧出《ゆうしゅつ》の場であり続ける早稲田。名門早稲田の校歌に謳《うた》われている教旨を具体化することが必要だ。その教旨こそ早稲田人の全てに共通される何ものでもないと私は確信する。

時代の大きな潮流はグローバリゼーションへと向かっている。しかし、国際的な見地で冷徹に精査した場合、果たして日本の企業や大学教育のグローバル化の現状は、世界水準、少なくともそのボーダーラインに到達しているのだろうか。

また、インターネットを通して、世界中に瞬時に情報発信・情報取得ができる時代である。今や大学の研究費取得件数や論文の出版数や引用数などの公開情報は、インターネット上でも閲覧可能である。そのような公開情報の分析だけでも、時としてその大学当局よりも遥かに具体的に現状認識や分析が正しく評価されていることすらある。グローバルレベルでの大学評価である世界大学ランキングなどはその一例だろう。

そのような世界規模の情報収集と分析から生まれる世界大学ランキングでは日本の大学は軒並み苦戦している。大学評価の情報からも日本の大学評価がかなりの努力をしないと世界のトップグループには到底入れまい。旧来のように誇張したり拡大喧伝などもはやできない。このことは、真実の情報をいかに迅速に告知できるかなどWeb戦略の展開にまで発展してゆくのである。

創立125周年（2007年）のために策定された早稲田の「21世紀教育研究グランドデザイン」では、「グローバルユニバーシティ」の実現を目標としていた。

□　総合大学の強みを生かした教育体制の確立

□　国際化と情報化の基盤整備

□　生涯学習社会人の対応強化
□　改革実現のための構造改革
□　社会と連携した研究開発と新産業の創出

などの重点目標が揚げられている。（125周年目標引用）

125周年までの目標達成とこれらの計画実施状況を総括し、これらを基盤とした新たなる「Waseda Vision 150」に向かって体制を整え、早稲田人一丸となって邁進している。しかし、早稲田大学理事会当局だけで走っても、また如何に革新的戦略実現のプロジェクトが秀れていても所詮、国内、海外を問わず第一線で活躍中の早稲田人校友の支援と尽力と乖離していては目標成就はおぼつかない。

まず第一義に日本国内の大学間競争に克たなければグローバルトップレベルの大学の競争のスタートラインに立てない。我々は早稲田卒業後の若い時分から世界を股に外国人をグローバルビジネスの相手とし交友し争ってきたという栄《は》えある体験と実績がある。その我々が現在の早稲田人たるビジネスマンと直接会い接して解ることは、余程頑張らないとまだそのトップの山は高いことだ。このことを知らしめなければならない使命と義務が我々にあることを充分に認識することである。

早稲田の推進するグローバル人材育成とは

平成25年11月30日付、読売新聞朝刊全国版に鎌田薫現早稲田大学総長の顔写真と「グローバル人材を育成するには?」のヘッドコピーで、片面全ページの告知記事が広告掲載された。もちろん全国版なのでその日のうちに日本列島隅々までこの壮大な記事広告は配布された。

しかも、これは文部科学省グローバル人材育成推進事業の一端として行われたものである。「第一回 Go Global Japan Expo」と銘打って「目指せ! 世界にはばたくグローバル人材」を強力に打ち出した告知広告だった。そこには、全国有名国立大学、公立、私立大学四十七大学合同の相談・体験イベント開催の案内が記されていた。

このような政府機関と大学の強力かつ大規模なコラボ事業自体が珍しいことはもちろん、その告知広告の内容の充実ぶりもまれにみるものあった。そのイベント会場は、代表幹事校の早稲田大学だった。日本政府が強力にバックアップしているこのプロジェクトは、その真剣さが伝わる告知でもあった。この告知広告を見て、ようやく日本の大学がこのレベルに達しその気になったと私は感慨深く感じた。

グローバル人材育成推進事業は、

（１）語学力・コミュニケーション能力
（２）主体性・積極性、チャレンジ精神、共同性・柔軟性、責任感・使命感
（３）異文化に対する理解と日本人としてのアイディンティティ

これらに加え社会の中核を支える人材に共通して求められる幅広い教養と深い専門性、課題発見・解決能力、チームワークとリーダーシップ、公共性・倫理観、メディアリテラシー等の能力育成を目指し大学教育のグローバル化を推進する。

（２０１３年11月30日朝刊読売引用）

グローバル化を推進するための具体性に関しては削除されているが、このグローバ

ル人材育成推進事業は、日本の大学や日本政府がどのレベルまで考えているのかを理解するための手がかりでもある。一見すると実に欲張った極めて理想的なスローガンでもある。しかし現実にすでにグローバルビジネスに第一線で直接携わった先人達はどうだったか。大戦後、特に昭和30年代後半以降の外資規制緩和から外資企業が次々に日本に進出してきた。当然、外資企業のトップグループは日本語のできない人物たちであった。会議も全て英語であり、報告書、プランニング類などの知的業務もすべて英語で、外資企業共通の公用語は英語が原則だった。日本語は全く通じず、日本人が外国人に対応するために一生懸命に朝から晩まで実践英語の習得に没頭した時代だった。

ここ数年来、有力日本企業の公用語として英語を導入し、トレーニングの結果テストに合格しない者は要職から外されたなどの現状報告が新聞やテレビのマスメディアを賑わせていた。なにもこの事実は今更決して驚くには価しない。大先輩達は外国人相手に寝食を忘れて学習研究に最大限の努力をしていた。しかし、ここ五十年で社会環境や日本の大学教育は激変した。それ以上に質的にも劇的に変化したのがビジネスの現場だ。ビジネスの現場では、想像できないくらい時代の変化が激しいのである。

企業環境がこれほどまでに激変してしまった最大の理由は、想定外のコンピューターの出現である。これは一気にビジネススタイルを変化させ、ビジネスのスピードも更に加速した。

時代は変わり、国際感覚とインテリジェンスが求められるようになった。そのため、今では安直な「英語第一主義」の人材厚遇こそ人材育成の最大のデメリットに繋がるのであった。つまり英語だけに秀れていてもその他の力や才能が欠落していては経営者たる人材、すなわちトップマネジメント、CEOやCOOには不適格なのである。当時の人材育成の基本は、スペシャリストよりゼネラリストこそ会社経営のトップたる人材の基本的ボーダーラインだとの定義だった。

鎌田総長が自論として強調されていることは、明確に戦後七十年を経た現代と昭和30年後の時代では経済成長段階の時代背景や企業の環境条件などの違いがあることである。そのことを再認識すべきだという。確かに、地球規模で起こっているエネルギー問題、貧困国の食糧問題、世界的な貧富の格差拡大など、どれ一つを取ってみても戦前や戦後まもない頃とは異質のものである。このため、従来のように既存の知識や体系では到底解決できない難問が山積している。これらの解決方法は、該当する問題の本質を探索し、発見することによって思考力を培う普段からの訓練こそ必須であると主張されている。さらなるキーポイントとして、協議の価値観を共有する者同士の集合体やそれだけのグループミーティングなどではなく、異論を提唱する人間との議論やその訓練こそ不可欠の条件であると鎌田総長は言う。それこそ早稲田教旨に沿う人材の育成につながるのだと言えよう。

グローバルリーダーとは

ジュリアン 佐藤 バートこそグローバルリーダーの先駆者である。グローバルリーダーは現在、様々な分野で注目されており、マスメディアも積極的に取り上げているが、それを体現している人物はまだ日本では少ないと言えよう。

グローバルリーダーとは何か。早稲田大学の鎌田総長によるグローバル人材の定義を挙げよう。まず第一に「豊富な学識、知識を知恵に変え自分で考えていく力を持っている人材」である。

次に、「人との議論の中から、課題の中から解決等を見出し、皆を説得し行動に移す実行力があること。海外活動では日本人としてのアイデンティティーをつくる日本の歴史や文化にも通じていること。そして、豊富な知識から相互の価値観から理解を深めることができる人材」がある。

グローバルリーダーの養成のための具体的な施策は、早稲田大学を中心に、日本の各大学で実施されている。そのグローバルリーダーの先駆けかつ体現者として、やはりジュリアン 佐藤 バートを挙げたい。バートは戦後間もない頃の軍属時代から「豊富な学識」を持ち、「知識を知恵に変え自分で考えていきながら、困難な任務をこなしてきた。民間企業に移った後も、「人との議論の中から、課題の中から解決等を見出し、皆を説得し行動に移す実行力」を発揮してきた。また、リプトンのような多国籍企業に身を置き、明治生まれの母に躾けられた、古き良き日本人の心を持って仕事をしてきた。そんな彼はもちろん「日本人としてのアイデンティティーをつくる日本の歴史や文化にも通じている」人物であるし、「豊富な知識から相互の価値観から理解を深めることができる人材」である。

またバートは、変化を恐れない人間でもある。1964年（昭和39年）のPMCからの誘いは、異なる分野への転身を意味した。仮に異業種から分野がまるで違うとの理由で彼が断ったなら、勿論現在の彼の存在はあり得なかった。

さらに彼は努力を怠らない。バートも始めからこの当時のインターナショナルカンパニーでトップに昇進したわけではない。英国リプトンとの取引やドイツのティーバッグ製造機の輸入の手続きから取引などを行う高度な交渉技術は一朝一夕で身についたものではない。機械に関しての知識も、猛勉強によって習得したものなのだ。

取引条件の契約書や通常の通信文（コレスポンデンス）やＴＥＬＥＸやＦＡＸ、電話など、リプトン関連企業の公用語は英語だ。また数カ月に一度は直接現地にてミーティングや工場視察などが行われるため、英国やドイツに飛ばなければならない。そして紅茶畑への直接買い付けでは、セイロン（現スリランカ）、インドなどに行かなければならない。

海外との取引上の一番の肝要な点は、言語よりもむしろその国の国民性・民族性である。極論だが、英国人とドイツ人とでは国民性も商習慣や取引条件もすべて異なる。こうした現実の取引上の慣習や思考性など、いくら教科書や貿易の専門書を読んでもまったく、役にも立たないし、経験を一つ一つ積み重ねてとケースバイケースで修得しない限り、上手な取引は不可能だ。バートは目の前の相手ときちんと対話することによって、そのような壁を越えて交渉を行う技術をしっかりと身に着けてきたのだ。

グローバルリーダーには、その名の通りグローバル性だけでなくリーダーシップも必要である。バートは自らの経験を通してそれらの力を身に着け、加えて強力なリーダーシップも発揮してきた。今後の世界経済はますますグローバル化してゆき、多国籍企業とそれによるビッグプロジェクトなども今後ますます行われるようになるだろう。ビジネスの規模も年々大きくなってゆくだろう。したがって、業種業態や企業規模の大小を問わず海外のビッグプロジェクトに挑むグローバルリーダーが市場から要請されているのだ。激変する世界経済の動きに即応できるマネジメント力のある強靭なリーダーこそ、時代が求める人材なのである。

バートは戦後の日本における国際化の荒波を生き抜き、そのリーダーとして第一線で活躍してきた。彼の姿はまさに、今の日本が直面しているグローバル化の時代を先駆けした男である。彼は日本人だけでなく外国人をもマネジメントし、現在まで活躍してきた。

こうした彼の原点のひとつに、やはり早稲田があるだろう。早稲田大学は、その教旨が伝えるように「早稲田大学は模範国民の造就を本旨と為すを以て、個性を尊重し学問を活用し、併せて広く世界に活動す可き人格を養成せん事を期す」大学である。この教旨はまさに、バートのような理想的なグローバルリーダーのことを述べているとも言えよう。

グローバルリーダーを輩出する素地を一番持っている日本の大学は早稲田大学であることに多言を要さない。あらゆる分野で国内・海外を問わず、早稲田に学びし者は歴史と伝統ある早稲田マン・早稲田人として地球環境でグローバルに羽ばたくべきである。そしてバートのような強靭なグローバルリーダーの先駆者を見習い、必ずその雄大な目標を成就できるのが数多くの早稲田マンであると確信して止まない。

第13章　終章と人生の生き甲斐

Ｊバート86歳からの人生期

両親の国際結婚と日米両国籍を持っての回顧

透き通るような薫風《くんぷう》が頬《ほお》を撫《な》で、微《かす》かな木漏《こも》れ日《び》がある。春はもう終わり、夏がすぐそこまで訪れていた。やがて秋が来て、そして冬になるだろう。季節はめぐる。バートはその中に立って、八十七年有余の人生思い返していた。彼の人生は決して波風のない航海ではなく、むしろ荒波の連鎖だった。

彼の人生の荒波は、ある意味において、両親の国際結婚から始まったという点もある。しかし、アメリカ人の一青年ジュリアンと明治生まれの日本女性今日との出会いが結婚につながり、そしてバートが生まれた。これは一つの大きな奇跡であったとも言えよう。

小高い山々に囲まれた五月晴《さつきば》れの新緑はひときわ冴え、色とりどりの趣《おもむき》が美しい。

佐藤バートの芦屋自宅

2013年6月から、彼は長年慣れ親しんだ神戸海岸通のオフィスを芦屋奥池《おくいけ》の自宅オフィスに転じ、セミリタイアの道を選んだ。そして公職優先のライフスタイルに変えた。

彼は60歳になった頃から、暇さえあれば自分の人生設計について熟慮するようになった。ビジネスの第一線から70歳で退き、芦屋の自宅でゆっくり寛《くつろ》ぎ、大好きな読書三昧に耽《ふけ》り夕刻が近付くと散策に出かける日課が全く理想のパターンだなとイメージしていた。

だが現実の実践ではそうはいかない。理想とは大幅に違いながらも2013年6月にようやくセミリタイアに踏み切った。リタイアプランから約十五年間のギャップである。

一般的に、日本人のリタイア年齢は遅くなってきている。これは日本が長寿社会となったことも関係しているだろう。

日本人の平均寿命は男女ともに世界のトップクラスであるり、人口の25％が65歳以上で占められている。しかも、百歳以上は男女合算で二万三千人を超える。バートが若い時の感覚では、到底想像さえできなかっただろう。

日本が世界ナンバーワンの長寿国になった理由は、第二次世界大戦後の日本人の洋風化に附帯した食生活の大幅な変化と栄養環境の改善だろう。日本の歴史から決して外せない戦国武将達の平均寿命は50歳である。これは現代日本人の平均寿命と比較すると大きく違う。

しかし一方で筆者は、平均寿命の延長の影響かどうか若干疑わしいが、日本人の精神構造の変化も気になっている。端的には戦後日本人の精神の激変である。特に社会生活での日本人の道徳観や倫理観などはひどいものだ。86歳の人間からみると、現代の日本人は日本人としての最低限のモラルやエチケットなどを身に着けていないと最悪の評価をつけざるをえまい。

さて、バートの場合、86歳でのセミリタイアである。これは何も日本人の平均寿命延長などという一般論に還元はできない。彼自身が自らの人生設計をし、生き方を選び取っただけのことである。

人は自分の人生という名のドラマの主役であり、他人のせいに転嫁できない重い責任のある主役を演じる使命がある。自分の生き様こそがその人の主たるドラマであり、他人のそれを羨望《せんぼう》したり恨んだりしてはいけない。自分の生き様の価値判断は自分が決定しなければならない責務があるのだ。

バートは父ジュリアンと母今日の一人息子として誕生した。父はバートが七歳の時に亡くなったが、それでも自分の子供時代のことをはっきりと思い出すことができた。日米二世として母の祖国日本で生まれ日本で育った自分は、まさにアメリカ人の容貌をした日本人であった。

彼が日本人かアメリカ人か、その一方のみを純粋に選び取れたならば簡単だったかもしれない。しかし、そのような苦難が彼を強くした部分もある。少なくとも、片方のみになれていたならば、今のバートはないのだ。

日米二世としての生き方、偏見を超えて

バートは86歳をもって、長きに亘るビジネスライフに一応の終止符を打ち、2013年6月から芦屋の自宅にオフィスを設け、セミリタイアの体制を備えた。思えば日米開戦時の翌年1942年（昭和17年）に悲願の早稲田人となり、敗戦色の濃くなる前年に、政府の強制により繰り上げ卒業を余儀なくされた。以来、七十余年を全力で走りに走り続けて漸くこの境地に至ったのだ。

日米二世という宿命を背負って1927年（昭和2年）に生まれてからの八十六年間は激動の時代だった。彼の人生も第二次世界大戦を狭間に大きく変わった。終戦によって幼少時代から描いていた自分の夢が打ち砕かれたことも、今では遠い潮騒のようだ。この境地に至るまで、彼は荒波続きの人生行路を渡ってきたのだ。

幸いだったことに、明治生まれの母今日は気丈なだけではなく若い時分からモダンなセンスを持っていた。これは旧家の近衛兵一族という名門出身には珍しいことであった。また彼女は、三重の伊勢関からはるばる港町神戸に通い、神戸の英学院で英語などを学んだ才媛である。そのせいかどうかは定かではないが、彼女は忍耐強い性

格であり、物事を簡単に諦めたり中途で投げ出したりはしないタイプであった。バートが少年時代に難問に遭遇しても、泣き顔を見せると叱るどころか敢えて満面の微笑みをみせて「ジュリアン、大したことないのよ、No problem よ」と安堵させ慰めたものだった。

芦屋三条の自宅裏は小高い丘陵で、孟宗竹や雑木林が繁っていた。子供達の絶好の遊び場だった。彼は愛犬シェパードのデュークを連れては竹笹の繁った薮を通り抜け上り詰めた。

バートの父の死後、母の教育方針には大きな変化が生じた。これは日本的教育一辺倒になったということではない。日本人としてできることや決して許されないことのボーダーラインを引き、道徳や社会生活上の善悪の分岐点と標準をはっきりさせた。また、アメリカ人としてやって良いことや絶対にしてはいけないことの善悪の区別もはっきりさせた。日本人としてまたアメリカ人として行動の許容範囲を示し、更に二律背反などが起きないための日米両国に跨る人間としての生き方の規範を母は教えた。以来、バートは子供時代に直接母から教育されたわが家の指針や規範を、後生大事に心の中に生かした。日本人としての生き方やプライドに関しても今でも堂々としていて、外国人へのコンプレックスや穿《うが》った見方など持たなくなった。
「三つ児の魂百までも」の諺《ことわざ》通り、バートは子供の頃に仕込まれた日本人としての基本的な生き方を終生遵守し、母の教えた行動規範を自分の理念とした。

生き甲斐である二つのクラブ

バートには人生を充実させる二つの大切なクラブがある。以下その二つのクラブについて記述する。

バートは小学生の頃からスポーツ少年で、神戸レガッタアンドアスレチッククラブ（略称ＫＲ＆ＡＣ）に所属していた。このクラブは１８７０年、初代兵庫県知事の伊藤博文の尽力で神戸外国人居留地内に居留外国人のために発足、日本の近代スポーツ発祥とされていて日本人にも開放されていた。現在は神戸市

設立 1870

KR&AC時代のホッケーチームと

KR&AC時代のサッカークラブの選手達と　1959　対 Yokohama

KR&AC時代のテニスチームと　1961

KR&AC時代のバスケットボールチームと　1964

中央区の磯上公園にある。バート自身はエバレット汽船時代にはホッケー、サッカー、バスケットボール、テニス等に熱中し、横浜にある横浜カントリーアンドアスレチッククラブとサッカー試合等で交流していた。バートは最近までテニス、ゴルフを楽しみ、傍らクラブの運営に携わり、現在もまだ精力的に尽力している。

KR&AC時代のテニスクラブチームと